케이블 전쟁

* 이 책은 방일영문화재단의 지원을 받아 저술, 출판 되었습니다.

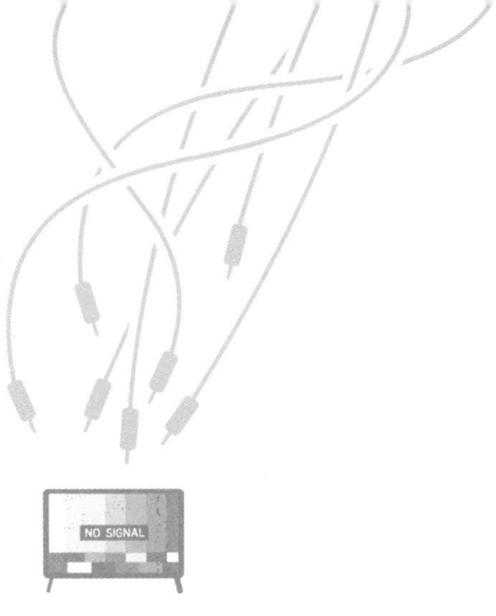

케이블 전쟁

SMART MEDIA WAR

스마트 미디어 시대의 승자는 누가 될 것인가?

강병준 전지연 지음
유지상 감수

이콘

SMART MEDIA WAR

차례

3부. 케이블 빅 피처

4부. 방송의 역사, 그리고 야사

시 작 하 며

세월을 거슬러 반세기 전으로 돌아가 보자. 대략 80년대 즈음이다. TV하면 KBS와 MBC가 전부였다. 지붕 위에 있는 안테나 방향과 높이가 TV화면 상태를 결정했다. 바람이 불거나 날씨가 궂으면 안절부절못하던 기억이 새롭다. 지금은 그 때와 달라도 너무 다르다. 방송신호를 잡아주는 거추장스러운 TV수신용 안테나가 필요 없다. 날씨도 무시해도 된다. 볼 수 있는 채널만도 수백 개가 넘는다. 셋톱박스 하나면 미국 할리우드 블록버스터 영화에서 영국 드라마까지 편하게 시청할 수 있다. 물론 예전과 달리 '아쉽게도' 요금을 내야한다.

TV하면 가장 먼저 떠올리는 KBS와 MBC를 지상파방송이라고 부른다. '무한도전'은 MBC, '1박2일'은 KBS, '런닝맨'은 SBS의 간판 예능 프로그램이다. EBS는 교육 채널이다. 최근 인기를 끌었던 '응답하라 1988' 이나 '꽃보다 청춘' '도깨비'를 만든 채널은 tvN이다. 지상파방송과 언뜻 비슷해 보이지만 좀 다른 채널이다. KBS와 MBC, SBS를 포함해 tvN, JTBC, Mnet과 같은 사업자는 시청자를 위해 프로그램을 제작하고 유통한다. 이들을 전문 용어로 '프로그램 공급 사업자(PP : program provider)'라고 일컫는다.

프로그램만 만든다고 방송을 볼 수 있을까. 그렇지 않다. 프로그램을 실어 나를 방송망을 구축하고 방송신호를 보내주는 설비를 갖춘 '누군가'가 필요하다. 이를 '플랫폼 사업자'라고 부른다. 종합 유선방송 사업자(SO : system operator), 스카이라이프와 같은 위성방송 사업자, IPTV와 같은 인터넷방송 사업자가 바로 누군가에 속하는 주인공이다. 이들은 시청자가 원하는 PP 프로그램을 묶어서 안방으로 전달한다. 선명한 화면으로 원하는 시간대에 보고 싶은 방송 프로그램을 보내주는 대신에 한 달에 얼마씩 돈을 받는다. 같은 방송이지만 굳이 '유료'라고 붙인 이유가 여기에 있다. 이것이 케이블TV 즉 유료방송의 세상이다. 시청자와 PP, SO가 명확한 거래 관계가 맺어지면서 산업이 태동했고 시장이 만들어졌다.

이 책은 유료방송 '케이블TV'에 관한 이야기다. 케이블TV의 과거, 현재, 미래를 연대기 형태로 짚어 보았다. 주요 쟁점과 사건을 중심으로 케이블TV 세상에서 벌어졌던 숨은 이야기를 담았다. 자칫 현상만을 쫓다보면 숨어 있는 본질을 놓치기 쉬운 법이다. 다양한 이슈 뒤에 숨은 진짜 의미를 제대로 알 수 있도록 충분한 배경 설명을 곁들였다. 위기의 케이블TV를 돌파하기 위한 나름의 해법도 담았다. 끝으로 미래 케이블TV의 청사진을 보여주는데도 많은 내용을 할애했다.

이 책은 총 4부 20장으로 구성돼 있다. 1부는 '케이블TV 산업'에 관한 통찰을 담았다. 최근 2~3년 사이에 유료방송을 둘러싸고 벌어진 다양한 이슈와 쟁점, 이를 제대로 볼 수 있는 혜안을 보여주는 데 주력했다. 성장이 멈춘 케이블 업계 현주소, 새로운 대안 미디어로 IPTV의 본질 등을 훑어 봤다. 케이블TV 산업 지형이 변하면서 사업과 서비스, 조직, 사람은 어떻게 바뀌고 있는 지도 짚어 봤다.

2부는 '콘텐츠'에 집중했다. '콘텐츠가 왕'이라는 절대 명제에도 지금까지 유료방송 시장에서 콘텐츠 위상은 높지 않았다. 왕이라는 찬사가 무색하게 역할도 크지 않았다. 하나만 알고 둘은 모르는 이야기다. 케이블TV 개국 이후 콘텐츠 분야는 남부럽지 않게 성장해 왔다. 기획과 제작 능력 모두 지상파에 버금가는 수준으로 올라왔다. 콘텐츠 분야에서 급부상한 CJ그룹의 활약상도 빼 놓을 수 없는 이야기 거리다. 아울러 각 분야에서 발군의 실력을 보여주는 전문 콘텐츠 채널을 분석했다.

3부는 '케이블TV 미래' 즉 청사진이다. 새로운 유료방송 모델로 어떤 서비스와 사업이 주목을 받고 있는 지 종합적으로 점검했다. 1인 방송에서 모바일TV, OTT 등 모바일과 개인화 추세로 가고 있는 융합서비스를 집중 조명했다. 사면초가 상황에 몰린 케이블TV 시장을 돌파할 수 있는 대안도 살펴봤다.

마지막으로 4부는 '케이블 히스토리'다. 지금의 케이블TV가 있기까지 정사는 물론 숨은 야사를 가감없어 보여 줄 것이다. 현재와 미래를 알기 위해서는 과거를 제대로 보아야 한다. 케이블산업이 있기 까지 과거에 대한 점검과 평가가 필요하다. 뉴미디어 방송 개국을 분기점으로 전, 후 역사를 풀어놨다. 얼추 5년 단위로 산업 태동기에서 성장기, 성숙기, 재도약기로 이어지는 산업의 히스토리를 보여주는 데 주력했다.

과거에서 현재까지 케이블TV를 한 마디로 보여주는 말이 '상전벽해'다. 전통 미디어를 잇는 뉴미디어로 '황금알을 낳는 거위'라는 찬사와 함께 화려한 조명을 받았지만 개국 당시 케이블TV는 '천덕꾸러기'였다. 미운 오리새끼가 백조로 변신하는 데는 많은 시간이 필요치 않았다. 불과 10년 만에 변방에서 주류로 신분 상승했다. 하지만 위성방송, IPTV와 같은 경쟁 플랫폼이 등장하면서 케이블TV는 지금 한숨이 가실 날이 없다. 돌이켜보면 케이블 업계는 출범부터 사선을 넘나드는 전쟁터에 내몰렸고 그 전쟁은 아직도 진행형이다.

책이 나오기까지 많은 분들이 도움을 주셨다. 미래창조과학부와 방송통신위원회 등 소관 부처는 물론 케이블TV협회를 포함해 주요 협회와 단체에서 많은 분들이 지원을 아끼지 않았다. 책이 나오기까지 무엇보다 세 분의 도움이 제일 컸다. 공동 저자로서 밑바닥에서 소중한 사실을 확인하고 전해 준 후배 전지연 기자, 비전문가의 한계를 풍부한 경험과 날카로운 혜안으로 감싸 안아준 감수를 맡은 유지상 광운대 교수님, 짧은 출판 일정에도 한 마디 불평 없이 기다려줬던 김승욱 이콘 대표에게 특히 감사의 말을 전한다.

이 외에도 모두 열거하지 못하지만 많은 산업계 선후배가 물심양면으로 힘이 돼 주었다. 이들이 없었다면 너무나 힘든 작업이었을 것이다. 일일이 열거하지 못함을 다시 한 번 지면으로나마 사과드린다. 혹시 짧은 시간을 핑계로 사실 확인을 거치지 못해 불확실한 내용이 있을 수 있다. 본의 아니게 잘못 알고 있는 내용이 가감 없이 인용돼 있을 수도 있다. 모두 저자의 짧은 경험과 식견 탓이며 독자 여러분의 너그러운 이해를 바란다. 아무쪼록 이 책이 생산적이고 발전적인 유료방송 생태계를 만드는 데 작은 주춧돌 역할을 했으면 하는 바람이다.

강병준

'응팔'에서 '도깨비' 신화까지

"'도깨비'를 애청해 주신 수많은 시청자께 너무나 감사드린다." 2017년 5월 53회 백상예술대상 TV부문 남자 최우수 연기상을 받은 연예인 공유의 수상 소감이다. 장난스런 요괴 도깨비를 신적인 존재로 표현한 '도깨비'는 첫 회부터 흡입력 넘치는 스토리 전개와 서정적인 음악, 아름다운 영상으로 단박에 안방을 사로잡았다. 종영된 지 벌써 4개월이 지났지만 '도깨비 신드롬'의 여운은 아직도 가시지 않았다.

tvN의 '쓸쓸하고 찬란하神-도깨비'는 대한민국 드라마 중에서도 '대형사고'를 친 기념비적 작품이다. 닐슨코리아 유료플랫폼 기준으로 마지막회 시청률이 20%를 돌파하며 22년 케이블TV 역사를 새로 썼다. 역대 케이블채널 프로그램 최고 시청률은 2016년 방영된 '응답하라 1988'의 마지막 20회가 기록한 평균 19.6%였다. 도깨비는 지난해 12월 첫 회 최고 시청률인 6.9%로 출발해 3회에서 12.7%를 기록하며 10%를 가볍게 넘어섰다. 11회에서 15%를 넘어섰으며, 14회

17.5%, 15회 18.7%를 거쳐 16회에서 20.5%를 기록하며 '꿈의 20% 벽'을 깼다.

이는 95년 국내에서 시작된 케이블TV 방송 역사를 새로 쓴 것이다. 시청률 1%를 넘기기 어려웠던 케이블TV 프로그램이 약진한 시점은 2010년 전후다. 주인공은 대국민 오디션 프로그램 '슈퍼스타K'였다. 음악 전문채널인 엠넷Mnet이 2009년 7월 첫 방송한 '슈퍼스타K'는 케이블TV 이미지를 '180도'로 바꿔 놓았다. 케이블TV 시청률 1위는 물론 지상파의 프로그램을 훌쩍 뛰어 넘는 인기를 누렸다. "60초 후에 공개됩니다"와 같은 긴장감을 주는 아나운서의 진행은 손에 땀을 쥐게 만들었다. 카리스마 넘치는 심사평과 심사위원의 한 마디, 한 마디는 곧 바로 유행어가 되었다.

'슈퍼스타K 시즌2' 마지막 방송에서 18.1% 시청률을 찍으며 대한민국 방송계를 발칵 뒤집어 놓았다. 새로운 포맷 성공에 자극받은 지상파방송은 너나 할 것 없이 오디션 붐에 뒤늦게 뛰어들었다. MBC, KBS, SBS는 '스타오디션-위대한 탄생' 'TOP 밴드' '기적의 오디션' 'K팝스타' 등을 우후죽순처럼 양산했다. 출연진들은 각종 방송 출연과 함께 음악, 예능, 드라마, 광고 등 수많은 곳을 두루 누비는 행운을 안겨 주었다. 단순히 신드롬이라는 말로 설명하기 힘든 대사건이었다. 이제까지 '아웃사이더'로 치부되던 케이블TV가 세상을 향한 외치는 반란이었다. 슈퍼스타 시청률은 '응답하라 1988'이 출현하기 전까지 6년간 천하무적이었다. '응팔 신화'도 절대 넘을 수 없는 벽이라는 게 당시 평가였다.

도깨비가 불과 1년 만에 이를 뛰어넘었다. 불가능해 보이던 시청률

20% 벽을 여지없이 깨뜨렸다. 이것만으로도 케이블TV를 재평가하기에 충분하다. 20년 넘게 걸어온 케이블TV의 발자취는 결코 헛되지 않았다. 물론 외형적인 케이블TV의 성장은 멈췄다. 하지만 외형 못지않은 더 큰 문화를 우리에게 안겨 주었다.

95년 케이블TV 방송이 막을 올리면서 시청자는 입맛에 따라 골라 볼 수 있는 권리를 얻었다. 지상파방송 독점 시대에는 감히 상상할 수 없었던 일이 벌어졌다. 홈쇼핑, 만화영화, 바둑, 문화와 예술, 종교 등 다양한 장르를 즐길 수 있게 됐다. 뉴미디어 출현은 채널 선택권과 시청권을 보호하는 계기였다. 산간벽지의 난시청도 자연스럽게 해소하며 안테나에 따라 방송에 잡신호가 많이 끼는 지상파보다 깨끗한 방송을 볼 수 있는 신세계였다.

케이블TV는 생활을 바꿔 놓았다. TV로 바둑 묘수풀이를 즐기고 낚시와 골프 삼매경에 빠졌다. 증권 시세와 부동산 매물 정보로 재테크 도우미가 필요 없게 되었다. 인기 학원 강사와 매일 마주하고 설교나, 법회, 미사 등을 자유롭게 볼 수 있는 마당을 제공했다. 보도채널 덕분에 지상파 독점 시대에 방송 공백이던 낮과 심야에도 생생한 정보를 접할 수 있게 되었다. 극장을 찾지 않고도 명화나 최신 영화를 시청하고 지역 채널을 통해 지역 내의 각종 소식이나 정보 등도 손쉽게 얻을 수 있게 되었다.

공급자 위주였던 방송 시대에서 시청자 중심으로 새로운 세상을 만들어 주었다. 새로운 생활, 다양한 문화를 접하는 지름길을 알려 주었다. 모든 것이 모두 리모컨 하나면 충분하다. 케이블TV는 이미 삶의 동반자로 함께 숨 쉬고 있다.

미디어 연대기

신문 1883
1883 한성순보 창간
(한국 최초 근대신문)

PC 1981
1981 국내 첫 컴퓨터 개발
1982 8비트 교육용 컴퓨터 개발 시작
1990 첫 노트북 PC 생산

아날로그 이동통신 1982
1982 무선호출 서비스 개시
1984 차량용 전화 서비스 개시
1988 이동전화 서비스 개시

PC통신 1988
1988 PC통신 상용 서비스 개시(천리안)

상용 인터넷 1994
1994 한국통신(현 KT), 인터넷 상용 서비스
코넷(KORNET) 개시
1997 야후코리아 포털사이트 서비스,
다음 한메일 서비스 개시
1999 다음카페, 네이버 검색 서비스 개시

디지털 이동통신 1996
1996 CDMA방식 이동통신 서비스 상용화
1997 PCS 서비스 제공 시작
1999 아날로그 방식 1세대
이동통신 서비스 종료

초고속 인터넷 1998
1998 초고속 인터넷 서비스 개시(두루넷)
1999 ADSL 서비스 개시(하나로통신)
2002 무선랜 서비스 개시

스마트폰 2008
2008 삼성 옴니아 국내 출시
2009 애플 아이폰 국내 출시

태블릿 PC 2010
2010 애플 아이패드 국내 출시,
갤럭시탭 국내 출시

1927 **라디오**
1927 경성방송(JODK) 개국
1966 FM 겸용라디오 송출
1970 FM스테레오라디오 송출

1956 **지상파 TV**
1956 대한방송 개국
1980 컬러TV 방영
2012 지상파 디지털 전환

1995 **케이블TV**
1993 광역도시 53개 SO 허가(1차)
1995 아날로그 케이블 TV 방송 실시
2005 디지털 케이블 서비스 상용화
2011 종합편성채널 개국

2002 **위성TV**
2002 KT 스카이라이프 서비스 실시
2003 HDTV 본방송 실시
2009 OTS(OllehTV-SkyLife) 서비스 실시

2008 **IPTV**
2008 KT IPTV서비스 실시
2009 LGT, SK브로드밴드 서비스 실시

SMART MEDIA WAR

1부. 이슈와 쟁점

01 위기의 케이블TV

케이블TV "아, 옛날이여~~"

케이블TV 산업이 사면초가다. 가입자 증가 추세는 수년째 곤두박질이다. 위성방송과 IPTV와 같은 경쟁 플랫폼은 기세가 등등하다. 설상가상으로 SK텔레콤의 CJ헬로비전 '빅딜'까지 무산됐다. 인수합병을 통한 구조조정은 꽁꽁 얼어붙은 케이블TV 시장 돌파구의 하나였다. 성장도 멈추고 경쟁력도 떨어지고 외부 수혈마저 막혀 버렸다. 앞은 가시밭길이요, 뒤는 낭떠러지와 같은 형국이다. 단군 이래 최대 위기라는 말이 결코 빈 말이 아니다. 케이블TV가 20여년 만에 지옥에서 천당으로, 다시 천당에서 지옥을 떨어질 태세다.

케이블TV는 95년에 개국했다. 벌써 20년이 훌쩍 넘었다. 뉴미디어 선두주자였던 케이블TV는 지난 세월 동안 새로운 강자의 도전과 이에 맞서는 응전의 역사였다. 출범 초기 케이블TV 사업을 위해서는 '라이선스(면허) 티켓'을 받아야하기 때문에 지역성을 앞세워 해당

구역에서 독점 사업이 가능했다. 정부가 배려해 주는 일종의 특혜 사업이었다.

하지만 97년 IMF 외환위기를 겪으면서 연착륙이 쉽지 않았다. 전열을 재정비하고 상승 무드로 접어들 무렵인 2002년 위성방송이 등장했다. 둥그런 접시 모양의 안테나를 통해 방송을 보는 '스카이라이프'였다. 위성방송은 전국에 바로 전파를 쏘기 때문에 지역에 한정된 케이블TV는 좌불안석이었다. '전국 vs 지역'이라는 구도에 자존심을 구길 수밖에 없었다. 당연히 머리띠를 두르고 결사반대했고 2002년에 출범한 위성방송은 급기야 2006년에야 정상화했다. 얼추 4년 동안 케이블TV는 위성방송과 불필요한 신경전으로 허송세월을 보낸 셈이다.

얼추 사태가 마무리될 즈음 이번에는 'IPTV'와 불편한 동거를 시작했다. 때마침 불어온 기술 발전과 융합 바람을 타고 통신사업자가 방송에 진입한 것이다. 2007년 KT, SK텔레콤, LG유플러스 등 통신 3사는 기존 설비를 이용해 케이블TV와 똑같은 방송을 내보냈다. 정확히 말하면 똑같아 보이지만 경쟁력이 살짝 더 있었다. 원하는 시간에 자신이 보고 싶은 프로그램을 보고 여러 융합서비스와 함께 이용할 수 있다는 점이었다.

무엇보다 IPTV 사업자는 위성방송과 차원이 다른 경쟁자였다. 자본과 기술, 인력 등 모든 면에서 비교할 수 없을 정도로 경쟁력을 갖춘 체급이 다른 상대였다. 거기다 같은 규제산업 테두리에서 산전수전에 공중전까지 갖춘 '무시무시한' 존재였다. 물론 당시에도 우여곡절이 많았다. IPTV를 기존 케이블TV와 똑같은 방송으로 보고 같은 규제를 받게 해야 한다는 방송 진영과 통신의 부가서비스로 가벼운 규제를 해야 한다는 통신진영이 충돌했다. 결국 2008년 정보통신부와 방송위원회가 통합한 방송통신위원회가 만들어졌고 IPTV는 방송법이 아닌 별도 법에 따라 규제받게 되었다.

새로운 플랫폼의 등장으로 케이블TV는 어떤 영향을 받았을까. 한마디로 가장 큰 사업 모델의 강점이었던 '독점'이 무의미해졌다. 소비자는 케이블TV, 위성방송, IPTV를 같은 서비스로 인식하게 되었다. 가령 서울 서초구에 사는 시청자 입장에서는 가입할 수 있는 유료방송 수가 다섯 개가 넘는다. 현대HCN 서초방송(케이블TV), 스카이라이프(위성), KT, SK브로드밴드, LG유플러스(이상 IPTV) 등이다. 돈을 내기 싫다면 TV에 안테나를 달아 지상파 채널을 직접 수신할 수 있는 방법도 있다.

시청자는 사실 서비스 제공 주체에 관심이 없다. TV가 잘 나오고 인터넷이 팡팡 터지면 된다. 여기에 싸게 이용할 수 있다면 금상첨화다. IPTV와 일반 케이블 혹은 위성방송을 구분하는 게 무의미하다고 본다. 어떤 방송서비스를 선택하든 TV프로그램을 보는 것은 동일하다는 이야기다. MBC '무한도전', SBS '미운우리새끼', tvN '윤식당'을 CJ헬로비전이라는 케이블TV, KT스카이라이프, SK브로드밴드 IPTV에 가입해도 똑같이 볼 수 있다. 플랫폼 별로 고유 경쟁력이 없다보니 쉽게 가입하고 쉽게 해지한다. 가격이 조그만 싸고 더 좋은 번들(결합) 상품 여부에 따라 시청자는 1년에도 몇 번씩 사업자를 바꿀 수 있다.

장황하게 설명했지만 케이블TV가 날개 없이 추락한 배경이다. 케이블TV 독주 시대에는 케이블 이외에 선택권이 없어 가입자 확보가 손쉬웠지만 지금은 사정이 달라진 것이다. 콘텐츠 비교 우위가 없어지면서 선택 기준은 이용 요금과 소비자 편익으로 돌아섰다. 가입자가 모바일, IPTV, 초고속인터넷을 묶은 다시 말해 혜택이 큰 통신사 결합상품을 선호하는 추세가 뚜렷하다. 대부분 가입자는 스마트폰을 바꾸기 위해 약 2년마다 대리점에 간다. 모바일, 인터넷, 방송이 묶인 상품을 이용하면 훨씬 요금이 싸진다고 하니 대부분 결합상품을 선택한다. 게다가 보통 약정기간은 2~3년이다. 케이블TV 사업자는 통신사 결합상품 가입자를 쉽게 데리고 오기 어렵다. 이 때문에 케이블TV 사업자는 통신사업자의 모바일, 인터넷, 방송을 묶어 저렴하게 판매하는 결합상품을 케이블 시장을 나락에 떨어뜨린 주범이라고 비판해왔다.

가격뿐 만이 아니다. 서비스 면에서도 경쟁 플랫폼이 앞서가고 있다. '올레TV모바일' '비디오포털' '옥수수' 등 통신사의 OTTOver The Top와 TV가 연동돼 다양한 기기에서 VOD를 볼 수 있다. OTT는 인터넷을 통해 TV를 볼 수 있는 서비스다. 끊김 없이 '손안의 TV' 모바일에서 본 영상을 바로 큰 화면인 TV에서도 시청할 수 있어 편리하다. 새로운 방송 상품 뿐 아니라 색다른 분야인 인공지능과 결합도 시도 중이다. 한번쯤 "음악 좀 틀어줘"라고 말하면 인공지능이 알아서 분위기에 맞는 음악을 내놓는 TV 광고를 본적 있을 것이다. 일일이 노래를 검색할 필요 없이 말 한마디에 원하는 음악이 나오는 것은 시청자의 눈길을 사로잡는다. 음성을 인식하고 상응하는 답을 내놓는 서비스는 신기해 보인다. 소비자는 자연스레 결합으로 묶이면 저렴하면서도 새로운 IPTV로 눈을 돌리고 있다.

기세등등 'IPTV'

유료방송은 이미 우리 생활의 일부가 되었다. 전체 가구의 95%정도가 가입해 TV를 시청한다. TV에 안테나를 달아서 무료로 지상파 방송 채널을 시청하는 가구는 5% 밖에 되지 않는다. 유료방송은 케이블TV, IPTV, 위성방송으로 나뉜다. 시청자가 어떤 서비스를 이용하든 보는 방송과 인터넷은 같지만 사업자는 신호를 보내는 방식이 다르다. 케이블TV는 케이블망을 통해 RF 방식으로 방송과 인터넷을 보낸다. IPTV는 인터넷 공용망IP, 위성방송은 위성에서 접시 안테나로 위성신호를 쏘는 방식이다.

하지만 유료방송시장은 이미 케이블에서 IPTV 중심으로 재편되는 분위기다. 이는 케이블TV 사업자가 SK텔레콤(SK브로드밴드), KT, LG유플러스와 같은 통신사업자에 강한 거부감을 보이는 이유이기도 하다. IPTV서비스는 인터넷망에 기반을 두며 망 상태는 서비스 품질에 직접적인 영향을 준다. 막강한 자본력을 갖추고 탄탄한 인터넷 망을 보유한 통신사에 두려움을 가질 수밖에 없는 것이다.

케이블TV는 이미 IPTV와 위성방송을 합친 통신 진영에 밀리는 추세가 뚜렷하다. 이미 2016년 3월 기존 시장의 강자가 뒤집어지는 '골든크로스' 현상이 현실화했다. 케이블TV협회가 조사해 미래부에 보고한 '종합유선방송 발전 방안'에 따르면 50.6% 대 49.4%로 유료방송에서 IPTV와 위성 사업자 가입자 수가 처음으로 케이블TV를 추월했다. 케이블 가입자 수는 2012년 63.5%에서 50%이하로 4년 만에 14%포인트 가량 추락했다. IPTV가 등장하기 전에는 1,500만 명을 훌쩍 넘겼지만 2016년 3월 1,440만 명 언저리에서 갈피를 잡지 못하고 있다. 이에 반해 통신 진영 가입자는 2012년 36.4%에서 2016년 50.6%까지 상승했다. 전체 방송시장이 지난 10년간 평균 8.1% 성장한 상황을 감안하면 후발사업자가 선발사업자격인 케이블TV 가입자 영역을 잠식한 것은 분명해 보인다. 세계적으로도 유래를 찾아보기 힘든 상황이다.

종합유선방송 가입자 수

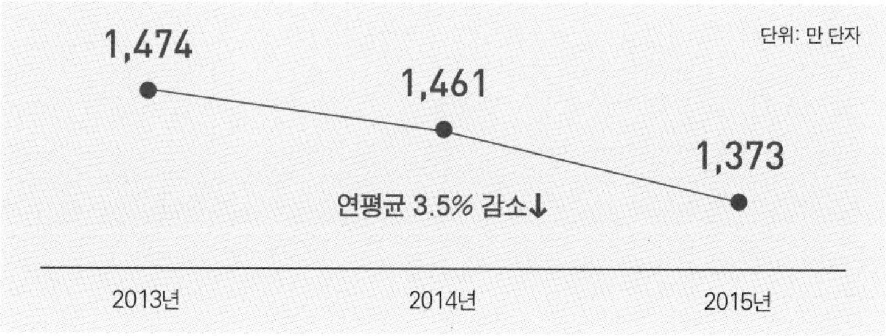

골든크로스 주역은 'IPTV'였다. IPTV는 이에 그치지 않고 위성방송을 제외한 순수 가입자 수만으로도 케이블TV를 넘어설 전망이다. 빠르면 2017년 상반기 IPTV 가입자 수가 케이블TV 가입자 수를 추월할 것으로 보인다. 2017년 3월말 기준으로 KT, SK브로드밴드, LG유플러스 등 IPTV 3사 가입자 수는 1,442만 2,000명으로 지난해 같은 시점 1,306만 1,000명 대비 10.4% 늘었다. 전년 말 기준 케이블TV가입자 수가 1,451만 명이었던 점을 감안하면 상반기 안에 IPTV 가입자 수가 케이블 TV 가입자 수를 넘어설 게 확실시된다. 기세가 꺾인 케이블 가입자 수의 우울한 전조는 이미 예고됐다. 미래창조과학부와 방송통신위원회가 발표한 '2016년 방송산업 실태조사'에 따르면 2011년 1,478만 명에서 2015년 1,373만 명으로 4년 만에 100만 명가량 케이블TV 가입자가 줄었다.

케이블TV 주된 수입원인 홈쇼핑 송출수수료도 상황은 비슷하다. 2015년 기준으로 7,629억 원에서 7,714억 원으로 1.1%만 증가하는데 그쳤다. IPTV 홈쇼핑 송출수수료는 2014년 1,754억 원에서 2015년 2,404억 원으로 37% 늘었다. 케이블TV의 다른 경쟁 매체인 위성방송도 2015년 기준 가입자는 전년과 비슷한 309만 명이지만 같은 기간 홈쇼핑 송출수수료는 1,000억 원에서 1,229억 원으로 23% 증가했다.

당연히 매출 추이도 가입자와 비슷한 궤적을 그렸다. 2015년을 기준으로 볼 때 IPTV 매출은 4,216억 원 늘어났지만 케이블TV 사업

2015년 방송산업 매출액

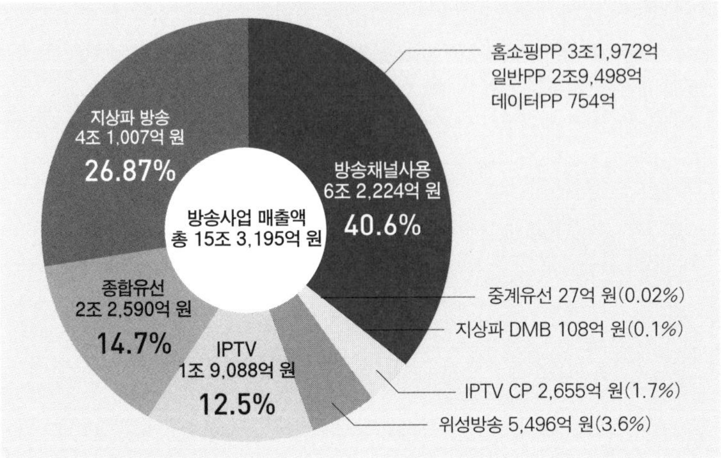

자 매출은 872억 원 감소했다. 이듬해인 2016년도 흐름은 바뀌지 않았다. 이동통신 3사가 발표한 2016년 4분기 실적 발표 자료를 보면 IPTV는 매출이 전년 대비 20~30%씩 늘어나 성장세가 뚜렷했다. 이동통신 분야 매출이 -0.9~3.2%로 정체에 빠진 것과는 사뭇 다른 모습이다.

IPTV 시장 1위 사업자 KT는 IPTV 부분 매출을 따로 공개하지 않았지만, IPTV가 포함된 미디어(올레tv, 올레tv모바일, 스카이라이프) 매출이 전년 대비 13.4% 증가한 1조 6,400억 원을 기록했다. KT는 IPTV 사업 매출이 23.9% 증가했으며 이 추세라면 연내에 손익분기점을 돌파할 것이 확실시된다.

SK브로드밴드 IPTV 부문도 가입자 증가와 유료 콘텐츠 판매 확대로 8,440억 원을 올렸다. 전년 대비 33.3%나 증가했다. LG유플러스도 IPTV, 인터넷전화, 초고속인터넷 등을 합한 결합상품TPS 매출이 9.8% 늘어난 1조 5,847억 원에 달했다. IPTV 매출은 전년 대비 22.8% 성장한 6,121억 원으로 TPS 매출 증가를 견인했다. 가입자 증가세도 KT IPTV 가입자가 전년 대비 49만 명이 순증해 700만 명을 돌파했고 SK브로드밴드와 LG유플러스 IPTV 가입자는 각각 48만, 27만 늘어난 396만, 255만 명을 기록했다.

케이블TV 입장에서는 땅을 칠 노릇이다. IPTV가 도입되기 전에 케이블TV 사업자는 '황금알을 낳는 거위'로 불렸다. 실제로 90년 중반 사업을 시작하면서 10년 넘게 황금기를 누리며 고속 성장했다. 경쟁자가 없었을 뿐더러 케이블TV 사업자는 각 지역에서 독점 사업을 했기 때문에 태평성대를 누려왔다.

우울한 케이블TV 성적표는 IPTV 사업자의 파격적인 마케팅이 치명타였다. 통신사업자는 온·오프라인 이동통신 대리점이나 IPTV, 초고속인터넷 유통점 등에서 IPTV와 초고속인터넷을 동시 개통하는 고객을 집중적으로 확보했다. 휴대폰까지 결합할 경우 유·무선 요금 할인 혜택까지 제공해 케이블 TV가입자가 이탈할 수밖에 없는 구조를 만들었다. 실제로 유통점에서는 차별적인 보조금을 금지하는 '단말기 유통구조개선법(단통법)' 시행 후 단통법에 저촉되지 않는 IPTV와 인터넷 가입 고객을 대상으로 할인 혜택을 늘린 것으로 파악된다. 가입자가 1년간 납부할 요금 이상을 현금으로 주는 방식으로 프로모션을 진행해 케이블TV 경쟁력이 크게 약화된 상황이라는 것이다.

아날로그 케이블TV 가입자도 걸림돌이었다. 아날로그 가입자는 감소 중이나 아직도 전체 가입자의 12.5%에 달하는 367만 명이 남아있다. 위성방송과 IPTV에는 아날로그 가입자가 없다. 아날로그 가입자가 거론되는 이유는 주문형 비디오VOD 등 양방향 서비스를 이용할 수 없기 때문이다. VOD는 유료방송의 대표 효자상품이다. 이를 제대로 활용하는 사업자는 추가 수익을 낼 수 있다. 케이블TV는 아날로그 가입자 때문에 VOD 이용률이 IPTV에 비해 절반에 못 미친다. 그만큼 수익 측면에서 타격이 불가피하다는 이야기다.

케이블과 IPTV를 이용하는 연령대가 다르다는 점도 시장을 어둡게 하고 있다. 전국 TV 시청자 가운데 20~30대는 IPTV, 50대 이상 연령층은 케이블TV 가입자가 더 많은 상황이다. 방송통신위원회 '방송매체 이용행태 조사' 자료에 따르면 유료방송 가입률을 가구주 연령대별로 보면 20대 이하 78.8%, 30대 88.4%, 40대 92.2%, 50대

93.4%, 60대 96.0%, 70세 이상 92.1%로, 나이가 많을수록 가입률도 높았다.

조사 대상 중 케이블TV에 가입한 가구는 전체의 54.8%, IPTV는 35.6%로 집계됐다. 케이블TV와 IPTV 가입률을 가구주 연령대별로 보면 20대는 38.3% 대 40.6%, 30대는 38.3% 대 55.0%로, IPTV가 더 높았다. 이에 비해 50대는 케이블 60.8%와 IPTV 31.5%, 60대는 각각 66.9%와 23.0%, 70세 이상은 71.8%와 10.7%로, 케이블TV 가입 가구가 훨씬 많았다. 결국 50대 이상 연령층은 기존에 이용하는 케이블TV를 다른 것으로 바꾸기를 싫어하고 30대 이하의 경우 새로운 유형의 TV에 대한 기대와 VOD 이용 편의 등의 이유로 IPTV를 선호하는 현상이 뚜렷하다는 이야기다.

케이블TV 약세는 더 가속화될 전망이다. 통신사들이 IPTV와 더불어 인공지능AI, 사물인터넷IoT 등 다양한 결합상품을 내놓고 있기 때문이다. SK텔레콤은 인공지능 비서 '누구'를 SK브로드밴드의 'Btv'와 연동했다. TV와 인공지능의 결합을 국내 처음으로 시도했다. 출시 이후 지속적인 업데이트와 다양한 할인혜택으로 TV시장에서 성공적으로 자리 잡았다. '누구'와 연동한 IPTV는 콘텐츠 검색, 전원 on·off, 볼륨제어 등의 기능을 리모컨 없이 음성으로 수행할 수 있다. KT도 인공지능을 결합한 '기가 지니'를 정식 출시하고 IPTV와 인공지능을 결합한 시장에 뛰어들었다. 기가 지니는 TV 연동과 카메라 내장으로 시청각 기반의 서비스를 제공하도록 구성돼 미디어, 인공지능 홈 비서, 홈 IoT 허브, 커뮤니케이션 등 4가지 서비스를 제공한다. 보고 싶은 영화의 제목을 말하면 인공지능이 이를 인식해 틀어

주고, 기분을 설정하면 그에 맞는 영화를 선택해 제공한다. 추가로 TV화면을 통해 서울시 교통정보 시스템 경로를 안내해주는 기능도 있다.

– Tip –

유료 방송의 태동과 '3분할 체제'

유료방송은 말 그대로 돈을 내고 보는 상품과 서비스다. 방송시장에서 '유료'라는 개념이 자리 잡은 건 오래되지 않았다. 지금도 지상파TV는 직접 수신하면 돈을 지불할 필요가 없다. '무료'다. 대신에 안테나를 따로 사서 TV수상기에 연결하는 수고를 거쳐야 한다. 반면에 케이블이나 위성, IPTV와 같은 유료방송 사업자는 전화 한 통으로 지상파 프로그램을 포함해 다양한 전문 채널을 제공해 준다. 가격대도 3,000원대부터 1만 원대 사이로 비싸지 않다. 덕분에 유료방송 가입 가구는 전체의 95%를 확보할 정도로 폭발적으로 늘었다.

대표 유료방송 모델인 '케이블TV'는 '종합유선방송법' 제정으로 제도 도입의 법적 근거를 갖췄다. 법은 99년 개정되었고, 2000년 '통합방송법'이 제정되기까지 국내 케이블TV와 관련한 모든 규정을 담았다.

상대적으로 미디어 기반이 낙후했던 우리나라는 '우리 실정'에 맞는 유료방송을 시도해 기형적인 형태로 시작했다. '3분할 체제'가 대표적이다. 주요 선진국은 SO와 PP 2분할 사업 체제로 운영된다. 우리는 NO 사업자를 둬 3분할 체제를 채택했다. 유선방송 사업자SO는 프로그램 송출과 방송국 운영, 프로그램제공 사업자PP는 프로그램 제작·공급, 망 구축 사업자NO는 전송 선로 설치·운영으로 각자 역할이 나뉘었다. SO는 지정 NO 사업자의 전송망을 임대해 이용해야 했다. 빨리 케이블TV 산업을 정착시키려는 정책적 의도 때문이었다.

'한국형' 3분할 체제 덕분에 막대한 투자가 필요한 망 구축 관련해 공기업인 한국전력과 한국통신이 NO 사업자로 나서면서 전주, 관로 등 기존 통신 기반을 활용해 단시간 내에 전송망을 구축했다. 정부 의도대로 세계에서 유례가 없을 정도로 빠른 시간에 인프라를 구축하는 데 성공했다.

하지만 한국형 3분할체제는 케이블TV사업 성장을 가로막는 근본 문제를 초래했다. PP·SO·NO의 각 사업자는 분할 운영뿐만 아니라 서로 간에 주식 또는 지분 소유 등을 포함한 겸영이 금지됐다. 대중매체의 집중 배제 원칙을 적용해 대기업, 언론사, 종교 단체, 정당 등의 SO 참여를 제한했다. SO를 복수 소유할 수 없게 하여 대규모 사업자 출현을 사전에 막았다. 설립에는 허가 규제도 따랐다. SO는 공보처 허가를, PP는 종합유선방송위원회를 거쳐 공보처 장관이 허가해 주었다. PP 보도채널 참여에는 자격 제한도 있었다. 결국 3분할 체제를 포함한 유료방송의 규제는 통합방송법을 시작으로 완화 쪽으로 가닥을 잡으면서 점차 없어지는 추세다.

02 무너진 산업 재편 시나리오

최대 통신방송 인수합병 불발, 후폭풍 심각

2015년과 2016년 유료방송업계 가장 큰 뉴스는 SK텔레콤의 CJ헬로비전 인수합병이었다. IPTV가 케이블TV 1위 사업자를 인수하겠다는 갑작스런 발표로 유료방송 시장은 순식간에 뒤집어졌다. 결론부터 말하면 SK텔레콤이 '미디어 빅뱅'을 노리고 추진한 CJ헬로비전 인수합병M&A은 불발됐다. SK텔레콤은 인수합병에 성공하면, 미디어 시장에 5년간 5조 원을 투자해 미디어 융합서비스를 활성화할 것이라며 비전을 제시했다.

SK텔레콤이 2015년 12월 1일 미래창조과학부와 방송통신위원회, 공정거래위원회에 인수합병을 신청한 이후 7개월 넘도록 논쟁이 이어졌다. 경쟁사인 KT와 LG유플러스는 이동통신시장 1위 사업자가 케이블TV 1위 사업자를 인수할 경우 거대한 독점 사업자가 탄생할 것이라며 강하게 반발했다. 공정거래위원회가 7개월여 동안 심사한 후 내놓은 최종 결론은 결국 '불허'였다. 공정위는 양사 M&A가 유료방송과 이동통신 도·소매 시장에서 경쟁을 실질적으로 제한할 우려가 있다며 기업 결합 자체를 금지했다. '조건부 인가'로는 해결할 수 없는 근원적인 문제가 있다고 진단했다. 하지만 공정위 논리가 현실과 맞지 않다는 비판도 제기됐다.

공정위는 유료방송 수신료 인상 우려, 알뜰폰 효과 약화, 알뜰폰 도매시장 쏠림현상 심화 등 크게 세 가지 이유를 들어 SK텔레콤과 CJ헬로비전 M&A를 불허했다. 배경은 시장 지배력에 따른 소비자 피해였다. CJ헬로비전과 SK브로드밴드가 합병하면 CJ헬로비전 23개 방송구역 가운데 21개 구역에서 합병회사가 1위로 올라서게 된다. 21개 구역 시장 점유율이 46.9~76%에 달할 것으로 예상했다. 시장 지배력이 커지면서 요금을 인상할 가능성이 높아진다고 판단한 것이다. 공정위 논리는 CJ헬로비전 케이블TV 가입자 415만 명을 대상으로 대대적인 프로모션 활동에 나서고 이럴 경우 합법적 수단뿐만 아니라 각종 불공정한 수단을 활용해 이동통신시장 지배력을 강화할 수 있다는 점을 우려했다.

공정위는 알뜰폰 도매시장에서 쏠림 현상이 심화한다는 점도 지적했다. 알뜰폰 업체가 통신망을 빌려 쓰는 도매시장 45.6%를 SK텔레콤이 차지하는 상황에서 점유율이 더 높아질 수 있다는 것이다. 특히 업계 1, 2위인 CJ헬로비전과 SK텔링크의 금액 기준 도매시장 점유율이 55.3%에 달해 KT, LG유플러스는 '손님(알뜰폰 업체)'을 구하는 것 자체가 어려워질 것으로 예상했다. 또 CJ헬로비전과 SK브로드밴드 합병회사가 단독으로 케이블TV 요금을 인상할 가능성이 크다고 봤다. CJ헬로비전과 가장 큰 경쟁 관계에 있던 SK브로드밴드가 한 회사가 됨으로써 요금인상을 억제하던 경쟁압력이 크게 약화된다는 것이다.

당시 산업계 의견은 달랐다. 공정위 판단이 현실을 반영하지 못한 것이라고 비판했다. 케이블TV 사업자는 물론이고 KT의 IPTV와 스카이라이프, LG유플러스 IPTV 등 전국 사업자와 경쟁하는 상황에서 가격을 쉽게 인상할 수 없다는 논리였다. 케이블TV업계는 지나치게 낮은 유료방송 요금이 올라갈 수 없는 구조라고 강하게 반박했다. 조금만 요금이 불합리해도 IPTV나 위성방송 등 전국 사업자로 가입자가 이탈하는 상황에서 지역 독점을 이유로 요금을 올릴 수 없다는 설명이었다.

'시장 획정'도 인수합병의 최대 쟁점이었다. 유료방송의 지리적 경쟁 범위가 지역(방송구역)인가 전국인가 하는 점이었다. 지역으로 보면 합병회사 독점이 강화되지만, 전국으로 보면 합병회사는 2위여서 경쟁제한성이 크지 않다. 공정위는 지역을 선택하여 이사하지 않으면 다른 지역 케이블TV에 가입할 수 없다는 점(수요 대체성), 새로운 사업자가 유료방송에 진입하기 어렵다는 점(공급대체성), 방송권역별 요금·서비스가 다르다는 점, 미국·EU 등 해외사례를 근거로 제시했다.

공정위 결정으로 유료방송시장에서 '전국 vs 지역' 논쟁이 불이 붙었다. 같은 유료방송 사업자지만 케이블TV는 지역에 기반을 둔 사업자이며, 이후 등장한 IPTV, 위성방송은 전국 사업자다. 유료방송 시장 기준을 하나로 통일해야 할 필요성이 커질 것으로 보인다. 경쟁력이 약화된 케이블TV 자발적인 구조조정이라는 '출구전략'을 인위적으로 막았다는 비판을 받았다. 이후 미래창조과학부는 '유료방송 발전방안'을 통해 케이블TV 경쟁력을 보완할 정책 방향을 마련했다.

불허로 끝났지만 후폭풍은 상당했다. 공정위 심사가 장기화되면서 케이블TV업계는 활기를 잃어갔다. 특히 CJ헬로비전은 심사기간 동안 투자나 적극적 영업이 사실상 전부 멈춘 상태였다. 당시 CJ헬로비전을 취재할 때면 다들 인수합병 후 양사가 어떤 시너지를 낼지에 대해서 고민했다. CJ헬로비전만의 사업에 집중하지 못하는 분위기였다. 상황을 지켜보던 다른 케이블TV 사업자들의 상황도 마찬가지였다. 몇몇 기업은 CJ헬로비전처럼 IPTV와의 인수를 고민했다. 유료방송 시장이 어떻게 변할지 모르는 상황에서 적극적인 투자를 하지 않았다. 그야말로 모든 것이 멈춘 7개월이었다.

케이블TV, 인수합병의 흑역사

케이블TV 역사를 돌아보면 인수합병은 성장의 핵심 키워드였다. 초창기부터 기업 인수합병 작업은 줄기차게 이뤄졌다. 인수합병을 통한 구조조정과 이에 따른 시장 재편 과정을 거치면서 미디어 지형을 바꿔 왔다. 생존을 위한 치열한 변화와 굴곡의 몸부림 덕분에 지금의 케이블TV 시장이 만들어졌다.

96년 12월 홈쇼핑채널 '39쇼핑'이 드라마채널인 제일방송을 200억 원에 인수했다. PP가 다른 PP를 사들인 최초의 역사적인 일이었다. 당시 업계에서는 선진국에서는 하나의 미디어 재벌이 많게는 100개 채널을 소유하는 경우도 있다며 39쇼핑의 제일방송 인수는 우리나라 미디어 인수합병을 알리는 신호탄이 될 것이라고 평가했다. 물론 개국 1년 만에 인수합병이 불거진 배경은 황금알을 낳을 것이라고 믿고 뛰어들었던 대부분 케이블TV업체가 실적이 뒷받침되지 못하면서 경영난이 극심했기 때문이다.

97년 또 하나의 빅딜이 터졌다. 제일제당그룹이 음악채널인 Mnet을 인수했다. Mnet을 운영해오던 영유통은 케이블TV업계에서 사라졌으며, 제일제당은 종합 영상엔터테인먼트 그룹으로 도약하겠다고 선언을 했다. 케이블TV 간판 채널인 YTN이 97년 보유 주식 90만 주를 한국전력의 자회사인 한전정보네트워크에 매각하는 가계약을 체결했다. 같은 해 모기업 진로그룹 부도로 GTV는 화의신청을 냈으며, 98년 2월 채권단으로 경영권이 넘어갔다.

97년 말부터 광풍으로 불어온 IMF 외환위기 한파로 인해 케이블TV업계는 깊은 시름에 빠졌다. 경영 실적이 미약한 상황에서 모기업 부도나 경영 악화로 직접적인 영향을 받았다. 수익성 낮은 사업으로 인식되면서 모기업의 각종 지원이 끊겼으며 PP는 누적 적자에, SO도 불황에 힘든 나날이었다. 결국 98년 교육 전문채널 다솜방송이 '1호 부도 PP'라는 오명의 기록을 남겼다. 98년 다큐멘터리 채널인 센츄리TVCTN와 기독교TV가 부도를 맞았다. 여성 전문채널 동아TV도 방송을 중단하고 서울지법에 파산을 신청했다. SK그룹이 인수한 마이TV는도 금융감독위원회에 의해 퇴출 기업 명단에 오르는 등 힘든 시절을 보냈다.

인수합병의 굴곡진 역사로 시작한 상황에서 CJ헬로비전의 매각 실패는 충격 그 자체였다. 건전한 시장 생태계를 위한 해법 하나가 무너

졌기 때문이다. 다행히도 인수합병 무산 이후 케이블업계는 다시 운동화 끈을 동여매고 있다. 그 대표기업은 아이러니컬하게도 인수합병 주인공 중의 하나였던 'CJ헬로비전'이다. CJ헬로비전은 케이블TV의 만형이자 간판 선수격인 업체다.

CJ헬로비전은 인수합병 불허 후 첫 행보로 종합유선방송 사업자SO '하나방송'을 전격적으로 인수했다. 매각에 대한 일각의 우려를 불식하고, 주도적인 케이블TV 사업자로서 입지를 굳히기 위한 전략이다. 2016년 12월 경남지역 종합유선방송 사업자SO 하나방송을 225억 원에 인수, 소유·경영권을 취득하는 데 합의했다. 2014년 강원방송 인수 이후 2년 만이다. 하나방송은 경상남도 창원시, 통영시, 거제시, 고성군을 권역으로, 가입자 9만 명을 확보하고 있다. 가입자당 25만 원에 대가를 주고 계약을 체결했다. 이로써 CJ헬로비전은 전국 78개 케이블방송 사업권역 중 23개 권역에서 24개 SO를 운영하고 가입자는 418만 명으로 늘었다. 전국 78개 케이블TV 방송 권역 중 23개 권역에서 24개 SO를 거느리게 됐다. 하나방송 인수로 마산 합포구, 마산 회원구, 통영시, 거제시, 고성군 등 3개시 1개 군은 양사 경쟁 체제에서 독점 체제로 변경된다. 하나방송 인수는 CJ 안정화 이후 시도한 첫 작품으로 케이블TV 사업자로서 독자생존 의지를 천명하고, 유료방송 시장에서 리더십을 지속하겠다는 자신감을 피력한 것으로 해석된다.

CJ헬로비전은 하나방송을 시작으로 인수합병에 속도를 낼 방침이다. 전체 영역에서 규모를 확대한다. CJ헬로비전 측은 "하나방송 인수는 시작일 뿐 앞으로도 많은 인수합병을 계획하고 있다"고 말했다.

SK텔레콤과 인수합병 후유증에서 벗어나겠다는 행동이자, 케이블TV 사업을 지속하겠다는 의지로 보인다. 변동식 대표는 "규모의 경제를 기반으로 기존 사업의 성장을 다시 점화하고, 새로운 동력을 창출할 신수종사업으로 케이블TV '퀀텀점프(Quantum Jump, 대약진)' 기회를 확보할 것"이라며 "지역성 기반의 '넥스트 케이블Next Cable'을 이끄는 강력한 미디어 플랫폼 주인으로 거듭나겠다"고 밝혔다.

CJ헬로비전은 앞으로 SO별 통합된 지역채널 브랜드로 케이블TV 지역 채널 인지도를 높이고, 권역별 지역성 구현에 힘을 실을 계획이다. 또 VOD 이용률 높이기에도 사활을 걸고 있다. 2017년 1분기 매출 2752억 원, 영업이익 176억 원, 당기순이익 98억 원을 기록했다고 공시했다. 전 분기 대비 매출은 5.2% 증가했으며, 영업이익과 당기순이익은 흑자로 전환했다. 전년 동기와 비교하면 매출은 1.2%, 영업이익은 29.9% 감소했다. 영업이익의 경우 재협상된 홈쇼핑송출 수수료가 올 1분기에 반영되면서 하락세를 보였다.

가입자 수는 2016년 하반기 반등을 시작으로 3분기 연속 증가세를 나타냈다. 이듬해 1분기에는 3만 명이 순증하면서 총 가입자 약 415만 명을 기록했다. 디지털TV 가입자는 전 분기 대비 4만 3,000명 증가했으며, 주문형비디오 매출은 4.5% 상승했다. 장기적으로 방송 및 모바일 사업 대형화, N스크린 서비스 확대, 신수종 사업 등을 추진하며 미디어 시장에서의 신성장 동력을 확보해 나갈 방침이다.

03
'수신료와 결합상품'의 경제학

먹이 사슬의 핵심 고리 '수신료'

방송 분야는 지상파 실시간 재송신료CPS, 주문형 비디오, 홈쇼핑 송출수수료, 프로그램 사용료와 같은 갈등이 끊임없이 일어나는 산업이다. 다양한 분쟁이 일어나지만 들여다보면 결국 모든 것은 '돈' 좀 더 완화한 고급용어로 '수신료' 문제로 귀결된다. 크게 보면 지상파TV-유료방송 사업자-홈쇼핑 사업자-방송채널사용 사업자PP 순으로 '수신료 먹이사슬'이 형성돼 있다.

케이블TV의 기본 수입원은 가입자 수신료에 의존한다. SO 사업구조는 월 수신료, 인터넷 접속 사업, 홈쇼핑 송출, 광고료 등으로 구성돼 있다. 가입자로부터 거둬들인 수신료는 1차적으로 SO, 지상파, PP 순으로 배분되며 PP간에는 시청률, 마케팅 기여도, 방송시간 등의 기준에 따라 다시 차등 배분된다. SO가 수신료 총액의 상당 부분을 갖고 나머지는 지상파 재전송료, 채널을 제공해 준 PP들에 지급한다. PP에 주는 대가는 수신료의 15%에서 지금은 25%이상으로 올라갔다.

수신료가 '뜨거운 감자'로 등장한 배경은 시장 구조가 변했기 때문이다. 갈등의 원인은 먼저 케이블TV의 수익 악화다. 가입자 성장에 정체기에 진입한 지 오래고 이제는 스마트폰과의 결합상품을 통해 가입자를 늘려가는 IPTV에 밀리는 형편이다. 방송통신위원회가 발표한 '방송시장 경쟁 상황 평가'에 따르면 2014년 수신료 매출은 1조 645억 원으로 전년 대비 8.5% 감소했다. 가입자당 매출도 전년에 비해 889원 감소한 5,079원으로 집계됐다. 반면에 IPTV는 242원 상승한 6,967원을 기록하는 등 요금이 올라가고 있다. 가입자가 줄면서 매출과 수익이 악화되는 상황에서 지상파TV가 가입자당 재송신료를 높여 달라고 요구하면서 분쟁이 격화된 것이다.

지상파TV도 상황이 만만치 않다. 광고 수익이 쑥쑥 빠지고 있다. 지상파방송의 주된 수익은 광고다. KBS와 EBS에 내는 수신료 2,500원을 제외하면 나머지는 모두 광고에서 매출을 올리고 있다. 2001년 전체 광고시장에서 차지하는 비중이 36.1%에 달했지만 2012년 19.8%로 줄었고 이런 추세는 더욱 가속화하고 있다. 인터넷 등이 발달하면서 시청 패턴이 TV에서 인터넷과 모바일로 옮기면서 앞으로 TV광고 시장은 전망도 좋지 않다. 그나마 재송신 대가에 의존할 수밖에 없는 구조에 몰리고 있는 것이다.

그래도 유료 방송에서 가장 영향력이 있는 매체는 지상파TV다. 시청률은 점점 줄지만 지상파TV는 여전히 방송 산업에서 큰 영향력을 발휘한다. 당연히 지상파TV와 유료방송 사업자 간에 마찰이 있을 수

방송시장 유통 구조

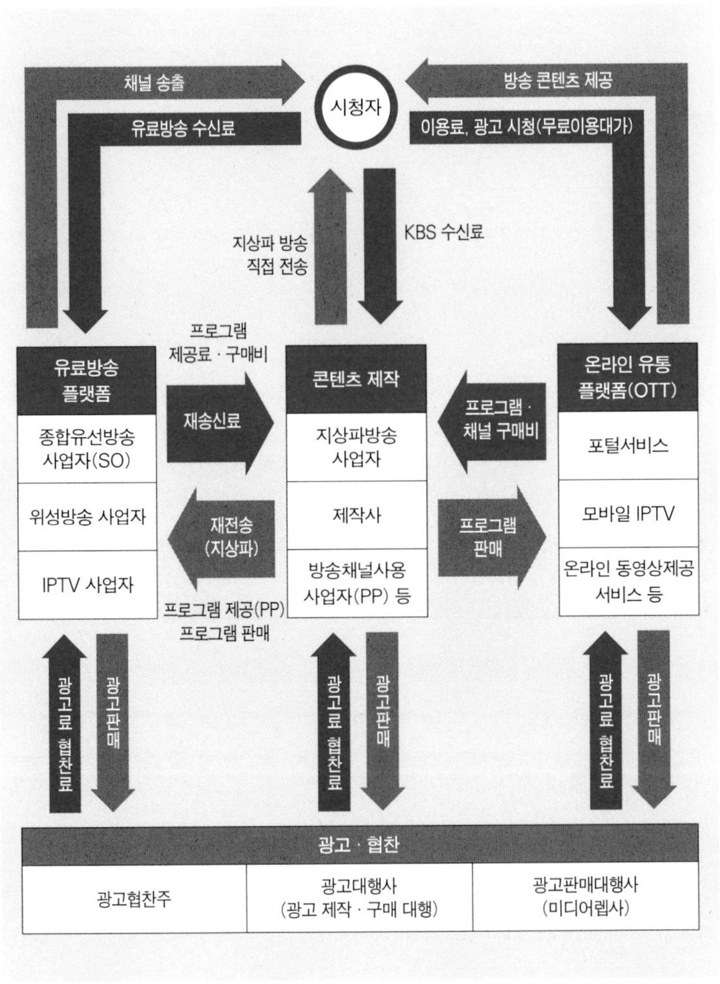

밖에 없다. 지상파TV와 유료방송 사업자 간의 실시간 CPS 분쟁을 대표로 들 수 있다. CPS는 유료방송이 지상파 방송사의 실시간 방송을 가입자에게 재전송하면서 부담하는 금액이다. 유료방송 사업자가 지상파 방송사에 가입자당 정해진 금액을 계산해 지급한다. 지상파 TV 측은 수년 전부터 CPS 대가를 요구해 왔다. 2015년까지 유료방송 사업자는 지상파TV에 실시간 CPS 280원을 지불해 왔다. 하지만 2016년 지상파TV가 그 금액을 400원으로 올리자 논란이 불거졌다. 케이블TV측이 너무 높다며 강하게 반발했다. 지상파TV는 시청률과 광고 매출이 하락해 실시간 CPS를 인상할 수 없다는 입장이다.

재송신 분쟁은 사업자 간 이해 다툼과 정부 조정의 한계로 2009년부터 법정 소송으로 이어졌다. '지상파TV와 케이블TV 간 다툼의 최대 수혜자는 로펌'이란 말이 있을 정도로 아직까지 양측은 법정 다툼을 벌이고 있다. 현재 진행되고 있는 지상파TV와 유료방송 간 재송신 소송은 십여 건이 넘는다. 2016년 초 법원이 실시간 CPS를 280원보다 훨씬 적은 금액으로 판결, 유료방송 사업자가 힘을 얻는 듯했다. 서울중앙지방법원은 개별 종합유선방송 사업자SO의 지상파 저작권 침해 손해배상액을 가입자당 190원, 청주지방법원은 170원으로 각각 산정했다.

하지만 많은 유료방송 사업자가 판결과 상관없이 지상파가 요구하는 금액으로 합의하는 경우가 일반적이다. 2017년 초 현재 딜라이브, 티브로드, 현대HCN, CJ헬로비전에 이어 IPTV까지 줄줄이 지상파와 실시간 CPS 400원대에 합의한 것으로 알려졌다. 유료방송 사업자들이 개별 행동에 나서면서 협상력도 크게 약화됐다. 2016년 딜라이브(구 씨앤앰)가 유료방송 사업자 가운데 처음으로 지상파TV와 계약했다. 딜라이브는 기존의 MSO가 지불한 실시간 CPS 280원보다 높은 금액인 400원에 계약하고, 현대HCN도 딜라이브와 비슷한 가격으로 지상파TV와 합의했다. 일부에서는 유료방송 사업자가 공동으로 연대하는 것이 가장 좋은 방법이라고 생각할 수 있다. 하지만 사업자 간 상황이 다르고 법원 판결을 3심까지 기다리기에는 시간도 너무 많이 소모돼 지상파TV와 합의할 수밖에 없는 게 가슴 아픈 속사정이다.

지상파TV가 실시간 CPS를 계속 올리는 배경은 매출이 줄기 때문이다. 매출을 조금이라도 늘리기 위해 실시간 CPS를 인상하는 것이다. KBS의 매출은 2014년 1조 4,989억 원에서 2015년 1조 4,963억 원으로 감소했다. MBC(서울 본사)도 2014년 8,155억 원에서 2015년 8,024억 원으로 줄었다. 2016년 1~2월 지상파 방송 3사의 광고 매출(TV, 라디오 합계)은 전년 동기 대비 약 24% 감소해 월 매출이 1,000억 원 아래로 내려갔다. 방송협회는 99년 국제통화기금IMF 경제위기 이후 최악의 실적이라고 밝혔다.

CPS 뿐 아니라 송출 수수료도 요지경이다. 유료방송 사업자는 지상파에 재전송료를 지불하지만 반대로 TV홈쇼핑 사업자에게는 '송출 수수료'를 받는다. 홈쇼핑 송출 수수료는 케이블TV, IPTV 등 SO 방송 송출 대가로 TV홈쇼핑 사업자가 내는 비용이다. 보통 지상파TV와 PP는 유료방송 사업자로부터 콘텐츠 대가를 받지만 홈쇼핑은 반대다. 홈쇼핑 수수료는 채널 번호에 따라 차등 지급한다. 지상파TV 인접 채널 번호가 송출 수수료가 높다. 송출 수수료는 유료방송 사업자 전체 매출에서 30~40%를 차지할 정도로 주요 수익원 중 하나다. TV홈쇼핑 송출수수료는 연 단위로 계약한다. 채널에서 발생하는 연 거래액(취급고)과 매출, 가입자 수 등을 종합해 TV 홈쇼핑과 유료방송 사업자가 금액을 산정한다. TV홈쇼핑 송출 수수료는 매년 상승세를 지속하다가 2014년 처음으로 1조 원을 넘어섰다. 홈쇼핑 사업자는 송출 수수료 인하, 유료방송 사업자는 인상 내지 동결을 각각 주장한다. TV홈쇼핑 업계는 모바일 등으로 수익구조가 다변화된 것은 물론 케이블TV 가입자 수 감소로 매출이 줄고 있다며 갈등을 벌이고 있다.

유료방송 사업자는 PP에 '프로그램 사용료'를 지불한다. 프로그램 사용료는 유료방송 사업자가 방송 콘텐츠를 제공하는 PP에 프로그램 공급 대가로 지급하는 요금이며, 광고와 함께 PP의 주요 수입원이다. 유료방송 사업자가 시청자로부터 받는 수신료 수익 일부를 프로그램 공급자인 PP에 분배한다. 미래창조과학부는 IPTV와 케이블TV, 위성방송 등 유료방송사와 PP간 2016년 프로그램 사용료 협상을 진행한 결과, 총액이 2015년에 비해 3% 증가한 5,300억 원에 합의됐다고 밝혔다. 여기에도 항상 갈등은 있다.

갈등의 원인은 단순하다. 유료방송 사업자는 프로그램사용료를 적게 올리기를 바라고, PP측은 더 많은 인상을 원한다. 매출이 줄고 있는 케이블TV 사업자와 PP의 프로그램 사용료 갈등이 특히 크다. PP 영향력이 커지고, 케이블TV 위상이 떨어지는 상황에서 갈등은 더욱 커질 것으로 보인다.

판도라의 상자 '결합상품'

유료방송 흐름 특히 케이블TV가 주춤하고 IPTV가 상승하는 추세를 이해하려면 '결합상품'을 눈여겨봐야 한다. 통신과 방송의 힘겨루기에서 통신사업자가 한 발 앞서가는 데 결정적인 역할을 했다. 결합상품은 쉽게 말해 일종의 번들서비스로 이동전화, 유선방송, 초고속인터넷 등을 한데 묶어 파는 상품이다. 초기에는 가입자를 유치하기 위한 '미끼' 수준이었지만 지금은 전체 사업을 좌지우지할 정도로 강력해졌다.

'TPS Triple Play Service'가 대표적이다. 이는 한 번에 주자 3명을 아웃시키는 야구 용어에 착안해 만들어진 용어로 방송과 초고속인터넷, 유선전화 관련 상품 세 가지를 한꺼번에 묶어 모두 제공하는 서비스다. 최근에는 'QPS Quadruple Play Service'까지 등장했다. TPS에 이동통신 서비스까지 네 가지를 묶어 모두 제공한다. 가령 KT가 유선전화에 초고속인터넷, 방송IPTV에 이동전화까지 한꺼번에 서비스하는 식이다.

결합상품은 단기적으로는 강력한 요금 인하 효과를 앞세워 쉽게 소비자를 유혹할 수 있다는 장점이 있다. 하지만 장기적으로는 사업자끼리 진흙탕 싸움 수준의 가입자 쟁탈전이 벌어지면서 시장이 혼탁해지고 마케팅 비용 상승분이 결국은 소비자에게 전가될 것이라는 부작용도 만만치 않다. 숱한 논란에도 결합상품은 지금은 유료방송의 가장 강력한 프로모션 도구로 부상했다.

결합상품은 유료방송과 초고속인터넷을 묶어 판 게 시작이었다. 난시청 해소를 위해 중계 유선방송이 등장했고 다채널 방송으로 케이블TV가 출범했다. 이어 인터넷이 깔리면서 방송과 초고속 인터넷을 결합하는 상품이 처음으로 나왔다. 여기까지는 사실 가입자를 유혹하는 미끼 상품 수준이었다. 결합상품이 '경쟁의 지렛대이자 허들'로 등장한 것은 통신사업자가 적극적으로 상품 개발에 나서면서부터다.

케이블TV가 결합상품을 선보인 시점은 98년 7월경이다. 처음으로 초고속 인터넷을 케이블망으로 서비스하기 시작했다. 이어 케이블TV 사업자가 독자적으로 자가 망을 이용해 초고속 인터넷 서비스를 실시하고 이를 무기로 시장을 공략했다. 도입 당시에는 가입자 1인당 평균 매출액을 높이고 기존 가입자 이탈을 방지하면서 방송통신 융합에 대응하자는 목적이 컸다. 아울러 기존 케이블TV의 대역 활용도를 높이는 효과까지 기대했다. 실제로 세트로 묶인 상품은 가입자 유치에 유리했다. 가령 씨앤앰(현 딜라이브)이 SK텔링크와 제휴를 맺고 내놓은 결합 상품은 디지털방송 요금의 10%, 초고속 인터넷 요금의 10%, VoIP 기본료의 40%를 절감해 각각의 서비스를 따로 이용할 때 보다 25% 절감 효과가 있었다.

이어 통신사업자도 번들형 상품을 통한 할인 공세를 앞세워 공격적인 마케팅을 펼쳤다. 전국망을 구축한 KT가 특히 적극적이었다. 전국 통신망을 가지고 있어 SO와 제휴할 필요가 없었다. 디지털 위성방송, 초고속 인터넷, 유선전화VoIP 등을 새롭게 결합한 상품이 봇물처럼 터져 나왔다. 시청자는 VoIP까지 동시에 서비스를 받으면서도 지불하는 가격이 3만 원대 수준으로 떨어졌다. 유선전화를 해지해 요금 부담을 줄이려는 사례도 많아졌다. 결합상품은 인터넷과 VoIP를 보다 활발히 보급하는 데 일조하면서 유선전화 공짜 시대를 열었다.

대신에 경쟁은 더욱 치열해졌다. 2008년 IPTV까지 가세하면서 결합상품의 위력은 더욱 세졌다. 통신사업자는 TPS상품에 이동전화를 추가로 장착했다. 앞서 이야기한 QPS다. 2개, 3개를 넘어 4개를 하나로 묶으면서 연간 50만 원까지 가격을 낮출 수 있는 결합상품이 속속 나왔다.

케이블TV 업계도 반격에 나섰다. 2012년부터 CJ헬로비전과 티브로드는 가상통신망 사업자MVNO : Mobile Virtual NetworkOperator 기반의 알뜰폰과 결합된 QPS 상품을 출시했다. 월 기본료 5,500원짜리 스마트폰 종량제까지도 선보였다. 값 싼 보급형 상품은 갈수록 넘쳐났다. 방송, 인터넷, VoIP, 이동통신 등이 서로 뭉치고 헤어지면서 상품 가격 체계는 더욱 복잡하게 얽혔다. 무모한 치킨게임의 우려까지 제기되는 시장 상황이 되어 버렸다. 통신사가 독점하는 모바일 시장을 케이블TV 사업자에게 나눠주고 결합상품을 일정 부분 규제하자는 목소리가 나왔지만 이미 돌이킬 수 없는 상황으로 치달았다. SK와 CJ헬로비전 인수합병 무산 이후 위기에 빠진 케이블TV를 살려 내기 위한 방안으로 결합상품 불공정성이 누차 거론됐지만 실효성이 없어 보인다.

무엇보다 소비자가 결합상품에 만족하고 있기 때문이다. 신경민 국회의원이 조사한 바에 따르면 결합상품 규제에 찬성한다는 응답은 40.6%인 반면, 반대 의견은 59.4%로 18.8% 높았다. 이유로는 결합상품 이용에 따른 요금할인 혜택을 우선적으로 꼽았다. 이통사와 케이블 기업 간의 공정경쟁 환경 조성을 위해 이미 받고 있는 혜택들을 포기할 순 없다는 얘기다.

그 대안으로 최근 케이블TV와 통신사 모바일 상품을 묶은 동등결합 상품이 나왔지만 기대에 밑돌았다. 동등 결합상품은 케이블 사업자 상품과 이통사 무선 상품 결합을 통해 케이블 업계의 경쟁력을 강화시키자는 게 배경이다. 정부가 통신사업자와 케이블 사업자를 묶어 상생 차원에서 상품 출시를 유도했다. 하지만 복잡합 가입절차 때문에 출시 후 두 달 동안 동등 결합상품 가입자는 400여 명 수준에 그쳤다. 여기에 SK텔레콤과 달리 동등 결합 의무제공 사업자가 아닌 KT와 LG유플러스는 미온적 태도를 유지해 실패로 끝날 가능성이 높아졌다.

04 콘텐츠(PP) '독립선언'

생존 경쟁, 대형화하는 중소 PP

케이블TV에서 제공하는 전문 PP채널만 수백 개에 달한다. 이에 비해 아는 채널은 지상파TV, 종합편성, CJ E&M 계열 채널뿐이다. 미래부에 등록된 PP는 260여 개에 달하지만 이를 앞에 나열된 채널만큼 잘 아는 시청자는 드물다.

채널이 크게 늘어난 데는 정부가 방송의 다양성을 명분으로 2001년 허가제에서 등록제로 전환했기 때문이다. 과거 전체 유료방송 가입자의 60%를 가진 아날로그 방송 때는 채널수가 70여 개에 불과해 '채널 입점 경쟁'은 치열할 수밖에 없다. 그마저도 의무 편성 채널(KBS1, EBS, YTN, 종편 4사 등 반드시 편성해야 하는 채널) 19개와 준의무 채널(KBS2, MBC, SBS, 홈쇼핑 채널 등) 9개, SO 사업자가 운영하는 채널(39곳)과 지상파 계열 PP(17곳) 등을 제외하면 중소PP가 들어갈 채널은 손에 꼽혔다. 디지털로 넘어오면서 보낼 수 있는 채널

대역폭은 늘었지만 따져보면 상황은 크게 바뀌지 않는다. 케이블TV 채널 가운데 뒷 번호대는 보는 사람이 적어 유명무실하기 때문이다. 전문가들은 "대형 채널 등은 오락 장르에 집중된 반면, 중소 개별PP는 교양 장르가 67%에 이른다" 며 "중소PP의 보호 육성은 다채널 방송 시대의 시청자 복지를 위한 중요 과제"라고 강조했다.

하지만 여전히 PP는 소외돼있다. 정부가 PP산업 발전 전략을 수립했지만 제대로 실행되지 않기 때문이다. PP산업 발전 전략 중 PP 제작지원 펀드 조성, 경쟁력 있는 중소·개별 PP 채널 의무 할당제 등은 여전히 요원하다. 제작지원 펀드도 깜깜 무소식이다. 발전 전략에 따르면 정부와 민간 제작지원(홈쇼핑PP, 플랫폼 사업자)이 융합된 4,000억 원대의 디지털코리아펀드를 조성할 계획이었다. 전체 금액 중 30%인 1,200억 원을 방송분야 펀드로 쓸 계획이었으나 기금 조성 소식은 들리지 않는다. 플랫폼 사업자가 경쟁력 있는 중소 PP에 대해 의무적으로 채널을 편성하는 '채널 할당제'도 시행되지 않았다. 이 밖에 발전 전략에는 2014년부터 경쟁력 있는 중소PP 선별을 위한 평가 제도를 수립한다고 나와 있지만 구두에 그치고 있다.

그만큼 PP상황은 녹록치 않다. 그래서인지 최근에는 PP시장에서 인수합병이 거세게 일어나고 있다. CNTV, GTV, 대원방송은 2015년 연달아 개별PP를 인수했다. 역사극채널 CNTV는 홈스토리를 인수했다. GTV는 2014년 놀TV를, 2015년 KMTV를 연이어 인수했다. 대원방송도 2014년 말 채널J를 추가로 사들였다. 하동근 케이블TV협회 PP협의회장은 "그 전만 하더라도 개별PP가 다른 PP를 인수한 적은 거의 없었다"며 "한미FTA 발효되면서 외국 자본 위기감과 규모의 경제를 통해 채널 경쟁력을 강화하려는 등 다양한 요인이 인수합병에 작용했다"고 분석했다. 다른 PP업계 관계자는 "앞으로도 개별 PP도 지속성장을 위해서는 인수합병이 더욱 거세질 것"이라고 내다봤다.

이는 운영 채널을 늘려 규모의 경제를 이뤄야 수익 창출이 가능하기 때문이다. 채널이 하나에서 여러 개로 늘면 투자 대비 얻는 이익이 상대적으로 더 크다. 늘리는 데에는 큰 인력과 비용이 들지 않는다. 하용운 GTV 대표는 "이미 한 채널을 운영하면서 필요한 시설과 인력이 있어 몇 명만 더 채용하면 채널 두개를 운영하는데 무리가 없다"고 설명했다. 채널이 늘어나면 프로그램 수신료를 더 받을 수 있으며, 광고 수주도 더 쉽다. 곽영빈 대원방송 대표는 "채널 하나보다 채널 여러 개를 갖고 있을 때 광고주에게 더 어필할 수 있다"고 설명했다.

채널 하나로 지속 성장이 어려운 점도 인수합병에 영향을 미쳤다. 인수합병에 뛰어든 PP는 모두 시청률 20~30위권 채널로 개별 PP 중 상위권을 차지한다. 이미 개별 PP가 오를 수 있는 성장 정점 도달해 다른 채널을 사서 시너지 효과를 내는 방안을 택했다는 의미이다. 실제로 GTV, CNTV, 대원방송 모두 시청률 상위권이다. 이들은 지상파TV 채널을 치고 올라갈 수는 없다고 판단해 다른 채널과 연계를 바탕으로 성장을 모색 중이다. 박성호 CNTV 대표는 "개별 PP가 오를 수 있는 정상에 올라 더 성장하기 어렵다"고 전제하고 "홈스토리 채널과 연계를 통해 성장하기 위해 인수합병을 추진했다"고 말했다. PP 주요 수익이 되는 광고사업 또한 채널 하나만으로 어려운 점도 작용했다.

한미FTA 발효로 외국 자본이 PP를 소유할 수 있는 점도 위기감으로 작용했다. 개별 PP는 외국 자본에 위기감을 느껴 채널 덩치를 키우려는 포석이라는 시각이다. 한미FTA에 따라 지난해부터 외국인도 간접 투자 방식으로 PP 지분을 100%까지 보유할 수 있다. 그동안 국내 PP에 대한 외국인의 지분은 49%로 제한돼 있었다. 타임워너는 애니메이션 전문 방송채널 카툰네트워크 지분 100%를 가지고 있다.

협회 분리 막전막후

'언제까지나 케이블TV 이중대로 살 수 없다. PP만의 독립된 협회를 만들겠다.' PP가 케이블TV 사업자와 분리를 선언했다. PP 상황이 녹록치 않지만 독자적으로 생존 방안을 찾아야 한다는 목소리가 높아지고 있다. PP만의 목소리를 내기 위해서는 이제는 SO와 제 갈 길을 가야 한다는 주장이다. 케이블TV라는 울타리에 묶여 '한 지붕 두 가족' 생활은 더 이상 PP경쟁력을 위해서도 도움이 되지 않는다는 게 분리를 요구하는 속내다.

당장 케이블TV 방송협회에 속한 PP협의회는 독립 협회인 KBCAKorea Broadcasting Channel promotion Association를 2017년 7월 설립할 계획이다. 분리의 궁극적인 목표는 플랫폼에 귀속되지 않는 협회를 만들기 위해서다. 95년 케이블TV가 출범할 때만 하더라도 케이블TV는 유일한 플랫폼이었다. 하지만 20여 년이 지나면서 케이블TV 외에도 IPTV, 위성방송 등 다양한 플랫폼이 생겼다. PP협의회는 케이블TV 그늘에만 있을 수 없다는 입장이다.

특히 SO에 종속돼 다른 플랫폼과 수신료 협상에서도 대표성을 갖지 못한다고 밝혔다. PP는 1년에 한 번 케이블TV, 위성방송, IPTV 등 유료방송 사업자와 프로그램 사용료를 협상한다. PP협의회가 PP업계 대표로 IPTV나 위성방송과 협상을 할 때, 케이블TV 소속이어서 PP협의회의 대표성을 잘 인정하지 않는다는 설명이다. 하동근 PP협의회장은 "IPTV 매출과 가입자가 케이블TV를 점점 넘어서고 있는 등 다 플랫폼 시대에 SO 지붕 아래 있어서 어려운 점이 많다"며 "PP회원사 권익을 대변하기 위해서는 분리가 필수적"이라고 강조했다.

PP가 대형화하고 케이블TV 시장 규모가 줄어든 점도 분리 가속화 움직임에 한몫했다. IPTV 가입자는 지속적으로 늘지만, 케이블TV 가입자는 줄고 있다. SK텔레콤이 케이블업계 1위 사업자 CJ헬로비전 인수를 시도한 이후 산업이 줄어든 점도 작용했다.

가장 큰 분리 걸림돌은 기금 문제다. PP협의회는 케이블협회가 만들어질 때 약 150억 원을 조성했다. 대부분 PP가 영세한 탓에 새로운 협회를 설립할 재원을 마련하기 위해 PP는 기금을 돌려받기 원한다. 수년전부터 PP협의회는 케이블TV 방송협회를 탈퇴하려고 했지만, 148억 원의 기금을 돌려받지 못해 답보 상태였다.

케이블TV는 PP분리에 반대한다. SO측은 협회 출범 당시 냈던 기금은 PP를 위한 것이 아니라 전체 케이블TV 산업발전을 위한 것이기 때문에 줄 수 없다는 입장이다. IPTV에 비해 경쟁력이 뒤처지는 케이블TV실정에서 PP마저 떠나면 위상이 더 약화될 것도 우려한다. SO가 반대하면 기금을 받기 위한 과정도 쉽지 않다. 기금을 돌려받기 위해서는 케이블협회 이사 9명 중 3분의 2가 찬성해야 한다. PP쪽 이사가 9명, SO쪽 이사가 9명이다. 총 12명이 찬성해야 PP협의회가 분리될 수 있다. SO가 협회에서 많은 회원사가 빠져 나가는데 힘을 모아줄 가능성은 적다. SO가 소유한 PPMSP: Multiple System Operator and Program Provider가 많은 점도 협의회 인준 걸림돌이다. PP쪽 이사지만 MSP인 경우에는 SO의 입장을 대변하는 경우가 대부분이기 때문이다.

PP협의회는 이제 '선 분리 후 기금 배분'으로 방향을 잡았다. 기금 문제를 해결하고 협회를 설립하기에는 시간이 너무 많이 필요할 것으로 판단했기 때문이다. 입장 차이를 좁히지 못해 SO-PP 분리 테스크포스TF팀 회의는 결렬됐다. PP측은 SO를 설득해 기금을 받아 분리하는 것은 불가능에 가깝다는 결론을 내렸다.

그나마 다행스러운 건 PP협의회 총회에서 분리 안건이 통과됐다. PP는 이제 추진위원회를 꾸려서 분리를 본격적으로 추진하고 있다. 기금 문제는 일단 새 협회를 만든 뒤 논의한다. 하동근 PP협의회장은 "SO와 분리에 대해 논의하려고 했으나 전혀 입장차이가 줄어들지 않았다"며 "먼저 독립 협회를 세운 뒤 기금 문제를 논의할 것"이라고 말했다. 일단 KBCA를 통하여 인력 교육, 시청률 강화 방안 등 PP만의 오롯한 경쟁력을 키울 수 있는 여러 방법을 추진할 계획이다.

케이블TV의 '을'로 살던 PP가 이제 목소리를 내는 이유는 무엇일까. 케이블TV 규모는 축소됐지만, PP 위상은 강화됐기 때문이다. CJ E&M을 중심으로 PP의 힘이 커졌다. 과거 지상파 위주로 보던 이들이 tvN, m.net, 종합편성채널 등 다양한 케이블 채널을 시청하고 있다. 또 여기에 초고화질UHD PP들까지 가세했다. 과거 케이블TV 등 유료방송 사업자에 채널을 넣어달라고 부탁하던 약한 PP 모습은 사라지고 있다. 시간이 지나면 오히려 인기 콘텐츠를 만드는 PP 앞에 플랫폼 사업자가 고개를 숙이면서 자기 쪽에 들어와 달라고 부탁하는 시대가 올지도 모른다.

방송인력 시장 '폭풍전야'

방송사는 직업의 백화점, '크루'에서 '1인 밴드'까지

케이블TV 인력 구조는 전체 방송 산업 구조와 흡사하다. 방송은 제조업과 달리 소프트웨어 중심이다. 인적자원이 전부라고 해도 과언이 아니다. 사람이 핵심인 셈이다. 방송활동은 결국 사람을 원자재로 뉴스와 정보를 가공해 배급하는 일이다. 경영 효율성 측면에서도 인력 기용과 활용은 매우 중요한 의미를 지닌다.

흔히 프로그램 제작에 참여한 사람을 총칭해 '방송인'이라고 부르는데 이들이 모두 방송직군 소속이다. 워낙 폭이 넓기 때문에 '직업의 백화점'이라고 부른다. 방송 프로그램 제작에 참여하는 직업이 미용사, 목수부터 앵커맨과 사장까지 매우 다양하기 때문이다. TV방송에는 영상, 조명, 음향, 더빙, 편집, 녹화, 송출 등 단계마다 많은 인력과 시설, 기자재가 투입된다.

대체로 방송사 인력은 크게 셋으로 나눈다. 제작 인력, 기술 인력,

출연진이 그것이다. 방송 분야 핵심 인력은 제작인력이지만 통신과 인터넷 융합으로 새로운 직종 분야가 핵심 인력으로 부상했다. 콘텐츠 기획, 콘텐츠 제작, 경영마케팅, 기술 등에서 핵심 인력을 필요로 하는 추세다. 인력 충원 방식에 따라서 방송, 기술, 사무직으로 분류하기도 한다.

제작인력은 창작적인 활동에 참여하는 그룹으로 PD, AD, 작가 등을 말한다. 기자도 포함되며 경우에 따라서는 기술 인력까지도 모두 포함해서 제작 인력이라고 부른다. 방송 프로그램 기획과 제작 연출을 담당하는 PD는 사회를 바라보는 저널리스트 안목과 예술가의 창조적 감성, 제작진을 지휘하는 통솔력, 인화력이 요구되는 직종이다. 학원 등에서 가르치는 프로듀서 과정을 보면 방송 기본 이론을 익히고 기획, 촬영, 편집, 더빙, 녹화 등 분야별 교육을 받은 뒤 3개월간 마이크로 방송을 통해 현장감을 익힌다. 이 때 수강생들은 FD, AD, PD, MD 과정을 모두 거치면서 개인 능력을 향상시킨다. 팀 구성원이 함께 힘을 모아야 비로소 완성도 높은 프로그램을 만들 수 있어 방송 프로세스에 대한 이해도가 필요하다. 작가는 프로그램 내용과 품질에 큰 영향을 미치지만 방송사 직원인 경우는 별로 없고 대개가 프리랜서로 활동한다.

기술 인력은 기술 부문 요원이다. 보통 '크루'라 부른다. 카메라맨, 엔지니어, FD, 미술 부문의 종사자들이다. FD와 미술 디자이너 등도 넓은 의미로 기술 요원에 속한다는 게 이색적이다. 방송 기술 인력은 다시 두 가지로 구분한다. 하나는 새로운 기기나 기술 개발을 위해 연구 활동을 하는 전문 엔지니어이고 다른 하나는 직접 방송 기계를 만

지면 방송 프로그램 제작에 참여하는 오퍼레이터다. 전자가 방송 기술 연구자라면 후자는 현장 실무자다.

각 방송사와 대기업 내 기술연구소에서 HDTV, FM다중방송, TV 네트워크 제어 방식, 위성 방송 등의 연구와 컴퓨터 그래픽, 디지털 오디오 믹서, 카메라 연동 크로마키 등의 방송 장비 국산화를 추진하기 위한 실험 등을 주로 하는 사람들이 전자 그룹에 속한다. 방송 기술 인력이 반드시 라디오와 TV방송사에만 활동하는 것은 아니다. 외국의 경우 방송국과 케이블 운영국에 프로그램을 공급하는 독립 제작사에서 기술 인력이 많이 활동하고 있다. 또 최종 방송물을 만들기 위해 오디오와 비디오테이프를 합성하는 회사인 편집 회사editing house에서 일하는 기술 인력도 점차 늘고 있다.

방송 기술의 비약적인 발전은 방송 제작과 인력 구조에 많은 변화를 가져 왔다. ENG기술의 발전으로 방송사가 예전만큼 많은 기술 인력을 확보할 필요가 없어졌다. 뉴스 한 아이템을 만드는 데 3명의 현장 크루, 즉 카메라 오퍼레이터, 사운드 오퍼레이터, 조명 기술자를 필요로 했던 과거와 달리 요즘은 '1인 밴드'라고 해서 한 명의 기술자가 조명, 카메라, 사운드 레코딩을 전부 맡아서 하는 시스템도 등장했다. 기자가 인터뷰도 하고 비디오도 촬영하는 '비디오 저널리스트'도 있다.

케이블TV, 인력 창출에 기여

95년 케이블TV 개막으로 방송인력 시장에 '구인난'이 벌어졌다.

새로운 뉴미디어 시대가 열렸으나 이를 지원할 수 있는 인력이 크게 부족했기 때문이다. 수요와 공급 불일치로 좋은 인재의 몸값은 천정부지로 치솟았다. 초기에는 지상파TV 종사자들이 뉴미디어로 '이직 러시'가 이뤄졌다. 케이블TV 업계도 자체적으로 후배를 양성하는 시스템을 차츰 갖춰 나갔다. 지상파방송 3사는 다시 떠난 자리를 채워야 했으며, 이는 자연스럽게 방송 시장의 고용 창출로 이어졌다. 뉴미디어의 고용 창출로 인해 대한민국 경제가 발전의 양과 질質을 동시에 높일 수 있었다는 평가가 이어졌다.

출범 4년째인 99년 기준으로 PP에 종사하는 인력은 3,327명, SO에 종사하는 인력은 3,002명으로 케이블TV업계 전체 종사자의 수는 6,329명으로 집계됐다. 개국 10주년을 맞이한 2005년 6월에는 PP가 8,533명, SO가 6,947명으로 총 1만 5,480명으로 늘어났다. 이때 지상파 종사자 숫자는 1만 4,024명이었으니, 고용 창출 효과만을 따져 보았을 때 이미 지상파 기여도를 넘어선 셈이었다.

케이블TV는 총무, 관리, 영업, 홍보, 마케팅 등 일반직과 함께 제작, 편성, 기술 등 다양한 방송 전문직 등에서 고용을 이끌어냈다. 관련 산업에도 긍정적인 영향을 주었다. 프로그램과 광고를 제작하는 프로덕션도 고용이 크게 늘었다. 이에 따른 산업 유발 효과까지 고려하면 경제 발전에 기여한 케이블TV 위력은 더욱 막대했다.

새로운 직업도 만들어졌다. 기존 PD, 성우, 배우 등이 아닌, 음악 프로그램의 꽃인 VJVideo Jockey, 상품 정보를 꿰고 판매를 진행하는 쇼핑호스트(쇼호스트), 대박을 만드는 미다스의 손인 MD(상품기획자), 게임만으로도 먹고살 수 있다는 것을 증명한 프로게이머와 게임

열풍으로 등장한 게임 캐스터 등이 케이블TV가 만들어낸 새 직종이었다. 이 뿐이 아니다. 방송 장비와 방송기술 업체 여기에 이들이 국산화한 장비와 기술까지 합친다면, 경제적 낙수효과가 상당했다.

2011년 12월, 케이블TV 종사자는 PP가 1만 3,477명, SO가 4,946명으로 총 1만 8,423명의 규모로 나타났다. 지상파방송 종사자는 1만 4,226명으로 과거보다 미세하게 늘어난 수준에 그쳤다. 이제 PP는 지상파 수준으로 늘어났고, 케이블TV 전체 식구는 훨씬 많아졌다. 케이블TV가 만들어낸 일자리는 PD와 아나운서, 성우, 작가, 리포터, 기자, 제작 지원과 같은 방송직과 함께 카메라, 음향, 조명, 미술, 편집 등 제작 분야까지 늘어났다. 행정직인 영업, 홍보, 관리에서 연구 직종까지 스펙트럼도 더욱 풍부해졌다.

PP 종사자가 늘어나는 추세는 지금도 계속되고 있다. 2015년 말을 기점으로 CJ E&M, JTBC 등에 종사하는 사람 수가 처음으로 KBS, MBC와 같은 지상파 방송국 종사자 수를 넘어섰다. 이는 TV홈쇼핑과 종합편성채널이 사업을 크게 확장한 때문으로 풀이된다.

2016년에 발간한 정보통신정책연구원KISDI의 '방송 산업 종사자 시계열 추이 분석' 보고서에 따르면 지상파 인력 규모는 2013년까지 성장하다가 2014년부터 꺾이기 시작해 2015년 전년 대비 0.5% 소폭 감소해 1만 4,623명을 기록했다. 전체 방송 산업 종사자 중 지상파가 차지하는 비율도 2011년 전체의 42.2%를 기록했으나 2013년 이후 2년 연속 감소세를 보이면서 40.7%를 차지했다.

반면 PP종사자는 전년 대비 5.8% 증가한 1만 5,170명을 기록했다. 이는 전제했듯이 신규 홈쇼핑 사업자 진입의 영향이 큰 것으로 판단된다. 홈쇼핑PP 종사자는 5년 평균 6.4%씩 증가하면서 5,060명을 기록했다. 보도 PP는 992명, 종편PP는 1,536명, 일반 PP는 7,033명, 데이터방송 채널 사업자(DP)는 549명을 직원으로 보유했다.

유선방송(SO) 종사자 수는 2011년 5,106명에서 매년 2.4%씩 역성장하면서 2015년에는 4,631명으로 전체 13.2% 차지했다. 떠오르는 플랫폼 중의 하나인 IPTV 종사자는 570여 명 정도로 전체에서 차지하는 비중은 그렇게 높지 않다.

기자, PD, 아나운서, 제작 관련, 방송직 기타 직군이 포함된 방송직 종사자는 최근 5년간 연평균 2.7% 증가율을 보이며 전체의 45.8%를 차지했다.

2015년 기자 종사자 수는 전년 대비 5.1% 증가한 3,992명을 기록했다. 기자 종사자 비중은 지상파가 가장 높았으며 2015년 기준 2,335명을 차지했다. PP 기자 종사자는 전년 대비 8.3%의 증가율을 나타내며 2015년 기준 1,363명을 기록했다. 이 중 일반PP의 기자 종사자 수는 전년 대비 14.3% 증가한 416명을 기록했는데, 이는 경제, 증권과 관련한 방송사업자의 기자 종사자 수 증가가 가장 큰 요인일 것으로 판단된다. PD 종사자는 연평균 0.8% 증가율을 보이며 최근 5년간 정체하는 경향을 보이고 있다.

2011년에서 2013년까지 방송직 종사자 중에서 PD가 차지하는 비중이 가장 컸으나 2014년 이후로 제작 관련 종사자 수가 점차 증가해 2015년에는 제작관련 종사자수(4,766명)가 PD 종사자(4,724명)의 비중을 넘어섰다. 지상파 PD 종사자 수는 2015년 기준 전년 대비 2.3% 증가한 2,391명을 기록했으나 2011년 기준 2,388명과 큰 차이를 보이지 않았다. 전체 PD 종사자 중 지상파 PD가 차지하는 비중 또한 최근 3년간 줄어들고 있는 추세다. 2015년 홈쇼핑PP의 PD 종사자 수는 전년 대비 15.6% 증가해 기준 355명을 기록했다. 종편PP 역시 전년 대비 5.9% 증가율을 보이며 2015년 기준 252명으로 PD 종사자 전체의 5.3%를 차지했다. 아나운서 종사자 수는 지난 2012년 이후 꾸준히 감소해 2015년 기준 730명을 기록했다.

방송인력 가운데 정규직과 비정규직의 비중은 전체 3만 5,000여 명 중 5,200여 명으로 대략 18% 가량이 비정규직이다. 특히 비정규직이 많은 분야는 방송직 중에서도 제작 관련 직종으로 전체의 25%로 압도적으로 높은 실정이다. 또 전체 인력 흐름을 보면 제작과 PP의 인력은 2010년 이후 꾸준하게 늘고 있지만 기술직은 갈수록 줄고 있다. 기술직은 2010년 말 4,579명에 달했지만 이후 매년 줄어 2015년에는 4,215명으로 축소됐다.

SMART MEDIA WAR

2부. 콘텐츠의 반란

01 종합편성 채널의 승전보

2017대선 후보토론회, JTBC의 '의문의 1승'

'2017 JTBC 대선후보 토론회'가 종합편성 채널 가운데 역대 최고 시청률을 달성했다. 지상파 채널을 제외한 첫 대선후보 토론회라는 점에서 관심이 높았다. 4월 25일 오후 8시 40분부터 170분간 방송된 JTBC 대선후보 초청 토론회는 1부 15.457%(닐슨미디어리서치 유료방송가구 기준), 2부 15.91%의 시청률을 기록했다. 이날 기록한 시청률은 JTBC를 비롯한 종합편성채널 역대 최고치다. JTBC는 2017년 1월 신년 토론회에서도 11.894%를 기록하며 가장 높은 시청률을 기록했다.

지상파 프로그램 시청률도 가뿐하게 넘어섰다. JTBC 대선후보 토론회와 동시간대 방송된 KBS 1TV 'KBS 9시 뉴스'는 14.8%(닐슨미디어리서치 전국시청률 기준, 이하 동일) SBS '본격 연예 한밤'은 2.9%에 그쳤다. MBC 월화드라마 '역적, 백성을 훔친 도적'은 12.4%, SBS

'귓속말' 11.9%, KBS '완벽한 아내'는 4.9%의 시청률을 보였다. JTBC 등 종합편성채널이 출범할 당시에는 전혀 상상도 하지 못했던 일이었다.

종편은 채널·편성·광고 등 갖가지 영역에서 특혜를 보장받았다는 논란 속에서 출범했다. 종편은 뉴스 보도를 비롯해 드라마·교양·오락·스포츠 등 모든 장르를 편성해 방송할 수 있는 채널을 말한다. 모든 장르를 편성한다는 점에서는 지상파와 차이가 없으나 케이블TV(유선텔레비전)나 위성TV를 통해서만 송출하기 때문에 여기에 가입한 가구만 시청할 수 있다. 또 24시간 종일 방송을 할 수 있고, 중간광고도 허용된다.

2009년 7월 국회에서 통과된 방송법·신문법·인터넷멀티미디어방송사업법(IPTV법) 등 미디어 관련법에 따라 신문사와 대기업은 종합편성채널 지분을 30%까지, IPTV는 49%까지 소유할 수 있게 되었다. 국민의 90% 이상이 케이블TV나 위성TV를 시청하는 상황에서 지상파에 맞먹는 영향력을 가질 수 있는 기반이 마련된 셈이다. 이 때문에 대기업과 신문재벌이라는 거대 자본의 언론시장 장악과 언론의 독과점 현상에 심해질 것이라는 우려까지 나왔다.

종편의 몸값이 시간이 흐를수록 높아졌지만 출범 초기 성적표는 초라했다. 시청률은 0%대에서 고전을 면치 못했고, 방송 프로그램 완성도는 떨어졌다. 100억 원이 넘는 제작비가 든 TV조선의 드라마 '한반도'는 낮은 시청률로 조기 종영했다. 방송계 안팎에선 종편 중 한두 곳은 곧 문을 닫을 것이라고 전망했다. 대중에게도 큰 영향력을 미치지 못할 것이란 분석이 대부분이었다.

종편 출범 6년째에 접어든 2017년. 종편은 고사할 것이란 우려와 달리 살아남았고, 무섭게 성장 중이다.

위기는 오히려 종편이 아닌 지상파 방송이 겪고 있다. 불과 수년 전 지상파 방송 인기 프로그램 시청률이 25%를 넘는 것이 특별한 일이 아니었다. 하지만 최근에는 20%를 넘는 지상파 프로그램을 찾기 힘들다. 지상파 인기 드라마 본방사수를 위해 집으로 빨리 귀가하는 모습도 사라졌다. 과거 독점시장에 안주했던 지상파 방송은 종편, tvN 등 다양한 케이블 채널과 경쟁하면서 점점 힘을 잃고 있다. 제한된 채널을 시청하던 다수 시청자가 취향에 맞는 다양한 채널을 찾아가면서 지상파 위상은 크게 줄었다. 급기야 KBS·MBC·SBS 등 지상파방송이 종편·케이블방송 등 비非지상파 채널에 평균 시청 시간을 처음으로 역전 당했다는 조사 결과가 나왔다. 국내 광고 시장점유율에서도 비지상파에 밀리는 것으로 나타났다.

방송통신위원회의 '2016년도 방송시장 경쟁상황 평가' 보고서에 따르면, 2015년 기준 1인당 하루 평균 지상파 채널 시청 시간이 90분인 반면, 비지상파 채널은 92분이었다. 보고서는 '비지상파 채널이 지상파 채널의 평균 시청 시간을 최초로 넘은 것'이라며 '비지상파 채널의 증가와 콘텐츠 품질 향상 때문'이라고 밝혔다. 2000년만 해도 지상파 평균 시청 시간(171분)은 비지상파(46분)의 3.7배였다. 방통위의 '2016년도 방송매체 이용행태 조사'에 따르면 종편·케이블방송을 볼 수 있는 유료방송 서비스에 가입하지 않고 지상파만 시청하는 가구는 5%에 불과하다. 이 또한 2014년(6.7%)과 2015년(5.3%)보다 감소한 추세다.

지상파 영향력이 줄어든 것은 유료방송 사업자와 관계에서도 확인할 수 있다. 2017년 2월 지상파 3사는 SK브로드밴드 '옥수수', KT '올레TV모바일', LG유플러스 '비디오포털' 등 통신사 OTT에 주문형 비디오 공급을 중단했다. SK브로드밴드는 4월 지상파 방송 공급을 재개했지만, 나머지 두 OTT 서비스에서는 여전히 지상파 방송이 나오지 않는다.

과거 같았으면 시청자 반발 때문에 있을 수 없는 일이었겠지만 통신사 관계자에 따르면 지상파 방송이 중단됐다고 해서 소비자의 반발이 생각보다 크지 않다고 한다. CJ헬로비전의 OTT기기 '스틱'에도 지상파 방송은 들어가지 않는다. tvN 등 CJ E&M 계열 방송채널과 종편 채널로 구성됐다.

광고 시장도 비슷한 상황이다. 제일기획이 2017년 3월 발표한 '대한민국 총광고비 결산'에 따르면 2016년 지상파의 국내 광고 시장 점유율은 15.2%로 종편·케이블방송(17.1%)보다 낮았다. 1년 전만 해도 지상파가 18.4%, 종편·케이블방송이 16.6%였다. 정보통신정책연구원이 2016년 광고주 102명을 대상으로 실시한 조사에서는 '특정 소비층 겨냥 광고는 유료방송 채널이 더 우월하다'는 응답(75.9%)이 '지상파가 더 우월하다'(7.4%)보다 10배가량 많았다.

상황이 이렇다보니 지상파방송이 조급해졌다. 지상파 중간광고 문제가 불거졌다. MBC와 SBS는 5월 드라마 '군주-가면의 주인'과 '수상한 파트너'를 30분씩 끊어 방송했다. 1부를 2회로 나눠 편성했다. 30분 방송 후 유료방송의 중간광고와 비슷하게 1분가량 광고를 내보낸 뒤 2회 방송을 이어갔다. 기존 방송되는 70여 분의 드라마를 쪼개서 1회 2회로 방송 한 것으로 지상파 드라마에서는 처음 시도하는 방식이다.

MBC와 SBS가 이처럼 한 회를 두 회로 쪼개게 된 것은 광고 때문일 가능성이 크다. 케이블과 달리 중간 광고가 금지된 지상파에서 프로그램 사이에 광고를 넣기 위해 1회와 2회로 나눠서 방송하게 된 것이다. 한 프로그램 사이에 나오는 광고는 중간광고이지만, 드라마 1회와 2회 사이에 나오는 광고는 말하자면 중간광고가 아닌 셈이다. 위법을 피하기 위한 일종의 꼼수로 보는 의견도 상당하다. 국내 방송법은 시행령을 통해 지상파 방송의 중간광고를 금지하고 있다. 지상파 방송 관계자는 짧은 영상물을 모바일로 보는 시청 패턴의 변화에 맞춰 편성 전략에 변화를 줬고, 방송법에서 규정하고 있는 시작과 끝의 고지 등을 명확히 하고 드라마 한 편씩 완결성을 더해 중간광고가 아니라고 반박한다.

하지만 기존 드라마 형식과 다른 점 등으로 인해 중간광고 논란은 계속 이어질 것으로 보인다.

성장하는 종편, 시사 보도 편중은 숙제

'썰전' '뉴스룸' '나는 자연인이다' '한끼줍쇼' 누구나 한번 쯤 웃으면서 시청한 프로그램이다. 종편 출범 6년. 시청자 외면을 받으며 출범했던 종편은 이제 시청자에게 익숙한 채널이 됐다. 살아남기 위해 시도한 다양한 프로그램 편성 전략이 통한 셈이다. 방송통신위원회는 지난 3월 종편 3사(JTBC, 채널A, TV조선) 재승인을 결정했다. 재승인 통과 기준 점수에 미달한 TV조선도 조건부로 재승인 됐다. 종편 3사는 2020년까지 방송을 계속 할 수 있다. 종합편성채널이나 보도전문채널을 운영하려면 방통위의 승인을 받아야 하고, 3~5년의 승인 기간이 만료되면 재승인을 받아야 한다. 재승인을 받지 못할 경우 방송법에 따라 방송이 중단된다. 종편은 2011년 출범 뒤 2014년 첫 재승인 심사를 받았고 올해 두 번째로 심사를 받았다.

가장 높은 점수를 받은 방송사는 JTBC다. 방통위는 외부 심사위원단을 구성해 방송의 공적 책임 실현, 콘텐트 투자 등을 평가했다. JTBC는 방송 평가, 공적책임, 기획 편성 제작, 방송발전 기여 계획 등 세부 5개 항목 중 4곳에서 1위를 기록했다. 콘텐트 투자의 경우 지난해 기준 1,337억 원으로 전체 종편 투자액의 40%를 차지했다. 심사위원회 심사 결과 JTBC와 채널A는 각각 총점 1,000점 중 731.39점과 661.91점을 획득했고, 과락 항목은 없었다. JTBC 예능 '크라임씬' '비정상회담' '학교 다녀오겠습니다' 등 다수 프로그램 포맷이 해외로 수출됐다.

반면 TV조선은 총점 1,000점 중 625.13점을 획득해 650점에 미달했다. 방통위는 650점 이상을 받은 종편을 재승인하고, 650점 미만은 재승인 또는 재승인 탈락 결정을 할 수 있다. 방통위는 TV조선이 청문 당시 추가개선계획을 제출하고 이행 의지를 보인 점과 청문주재자 의견, 시청권 보호 측면 등을 종합적으로 고려해 재승인을 거부하기보다는 한 차례 더 기회를 주기로 했다.

대부분 종편은 객관성, 공공성 등의 역할을 수행함에 있어 문제가 있다는 평가를 계속해서 받고 있다. 시사토크쇼와 뉴스쇼에 편중해 다른 장르의 콘텐츠에 제대로 투자하지 않는다는 비판도 거세다. 물론 종편 입장에서는 많은 예산이 드는 드라마 제작에서 크게 재미를 보지 못했기 때문에 시사토크쇼를 편성하는 것이 안전할 수 있다. 시사보도 프로그램의 경우 패널과 작가만 있으면 운영할 수 있어 비교적 저렴한 비용으로 시청률을 담보할 수 있다. 하지만 종합편성채널이기 때문에 종합적인 프로그램 제작과 편성이 이뤄져야 한다.

실제로 종편 중 제작비 투자가 적은 TV조선과 채널A의 시사보도 프로그램 편성 비율은 65% 이상이다.

정보통신정책연구원KISDI이 2015년 5월 11일부터 일주일 동안 종편에서 편성한 프로그램과 시청률 등을 분석한 결과 TV조선의 경우 이 기간 동안 157개의 프로그램을 편성했는데 이 중 토론 · 대담 · 토크쇼는 58개로 전체 편성의 36.9%였다. 뉴스는 46개로 29.3%였다. 전체 편성의 66.2%가 시사토크쇼와 뉴스 등이다. 채널A는 같은 기간 152개 프로그램을 편성했는데 이 중 뉴스가 58개로 전체 편성의 38.2%를 차지했다. 토론·대담·토크쇼는 41개 27%로 시사토크쇼와 뉴스를 합하면 79.4%에 달한다.

방통위는 종편 3사에 대해 보도·시사프로그램을 축소할 것을 요구했다. 방통위 측은 "종편은 어느 방송 가릴 것 없이 '품격이 떨어진다' '오보·막말·편파 방송을 하고 있다'는 지적을 받아왔다"며 "종편은 이를 겸허하게 받아들여 품격 있는 방송, 편향성을 갖지 않는 충실한 방송이 되기를 기대한다"고 말했다. 채널A에 대해서는 '장르별 다양성 제고를 위해 뉴스, 탐사보도, 시사논평, 토론·대담 장르 프로그램을 합산해 매년 전체 방송시간의 34% 이내로 편성하라'고 주문했다. 이 비율을 29%대로 제시한 JTBC와 32%대를 약속한 TV조선에도 '사업계획서에서 제시한 비율 이내로 편성하라'는 조건을 붙였다.

02 콘텐츠, 한류열풍 기관차

해외 시장 성공작 '태양의 후예' 스토리

드라마 '태양의 후예'는 우리나라를 넘어 중국에서도 큰 인기를 끌었다. 태양의 후예가 끝났을 때 중국 상하이에 출장을 갔다. 출장 기간 동안 조금 친해진 중국인이 배우 송혜교가 들었던 가방이나 옷을 한국에서 좀 구해줄 수 없냐고 간곡하게 부탁했다. 중국에서는 구하고 싶어도 이미 품절이라 도저히 방법이 없다고 했다. 그때 잘 만든 드라마 한편의 영향력이 얼마나 큰지 실감했다.

2015년 KBS와 영화제작사 '뉴NEW'가 공동 제작했던 태양의 후예는 당시 중국 동영상 플랫폼 '아이치이iQIYI'에서 25억 뷰를 넘었고 드라마의 방영 전 회당 판매가가 25만 달러를 기록할 만큼 엄청난 영향을 미쳤다. 우리나라 뿐 아니라 많은 국가에서 인기를 끌었던 배경은 단연 '재미있기' 때문이다.

태양의 후예는 30개국에 넘게 수출됐다. 판권이 팔린 국가는 중국

(회당 25만 달러)과 일본(10만 달러)을 비롯해 영국, 프랑스, 이탈리아, 독일, 루마니아, 스웨덴, 스페인, 폴란드, 벨기에, 네덜란드, 러시아, 오스트리아, 핀란드, 터키, 사우디아라비아, 아랍에미리트, 이란, 대만, 홍콩, 필리핀, 미얀마, 베트남, 캄보디아, 미국, 싱가포르다. 국내뿐 아니라 해외에서 이처럼 성공한 사례는 손에 꼽을 정도다. 앞으로 국내 제작사 가장 주목해야 할 프로그램 성공 방정식을 만든 것이다.

지상파, PP수출 (2016 방송산업실태 보고서)

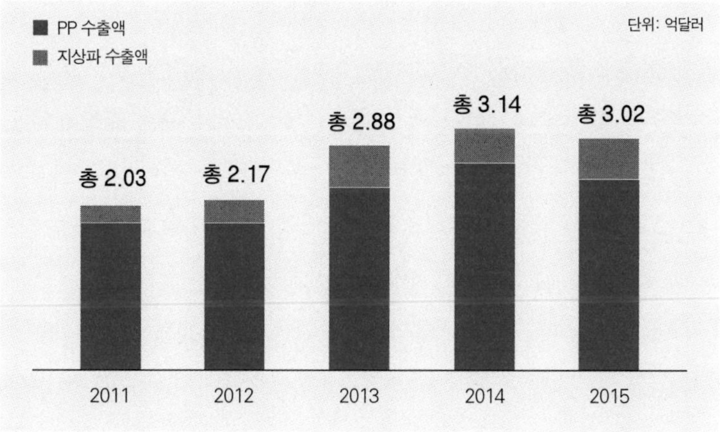

태양의 후예가 단지 재미있기 때문에 해외에서 성공했을까. 그렇지 않다. 배경을 한 꺼풀 들춰보면 다른 드라마와 제작 방식부터 크게 달랐다. 제작사 뉴가 지상파TV와 외주제작사 간의 고착화된 '갑을' 관계를 깨뜨렸다. 뉴는 태양의 후예 모든 권리를 KBS와 공동 소유했다. 수익 배분율은 오히려 뉴가 KBS보다 높다. 그동안 대부분 외주

제작사가 만든 저작권 등 프로그램 권리는 지상파TV에 귀속됐다. 잘 만들어도 팔 수 있는 권리가 없으니, 신이 나서 제작할 수 없는 셈이다. 방송업계는 뉴가 오랫동안 이어져 온 방송계의 악습을 바꿀 수 있는 신호탄을 쐈다고 평가했다.

뉴는 방송 외주제작사가 아닌 메이저 영화배급사다. 이미 '신세계' '7번방의 선물' 등 다수의 영화 투자 배급에 성공해 드라마 제작 재원이 있었다. 김은숙 스타작가와 송중기, 송혜교라는 유명 배우 캐스팅에 성공했다. 이 점이 지상파TV와 협상에서 저작권을 갖겠다고 요구할 수 있게 된 배경이었다. 이에 반해 대부분의 외주제작사는 제작비 절반 이상을 방송사로부터 지원받고 제작을 시작한다. 프로그램 기획, 촬영, 연출 등 제작 전반을 외주제작사가 진행하지만 제작비 때문에 방송사와의 협상에서 유리한 입장은 아니다. 장경익 뉴 영화부문 대표는 "기존 드라마 제작사는 지상파TV로부터 지원을 받고 시작해 협상을 잘할 수 있는 기회를 잃고 만다"고 말했다.

KBS와 수익 배분에 성공한 뉴는 프로그램이 벌어들이는 수익 상당 부분을 가질 수 있다. 지금까지 외주 제작사가 만든 프로그램은 인기 몰이에 성공해도 추가 수익을 얻을 수 없었다. 뉴는 저작권을 제작사가 갖는 것은 당연한 권리라고 밝혔다. 태양의 후예로 얻게 되는 수익 배분율은 6대4(뉴 대 KBS)로 뉴가 더 많이 갖는다. 드라마 제작비는 뉴와 KBS가 반반씩 낸 것으로 알려졌다. 외주제작사가 방송사보다 더 많은 수익을 가져간 경우는 이번이 처음이다. 드라마제작사협회 관계자는 "드라마제작사가 저작권을 조금 가져간 곳은 있지만 지상파보다 더 많은 수익을 받기로 처음부터 계약한 곳은 뉴가 처음일 것"이라고 설명했다.

외주제작사 업계는 '태양의 후예' 사례 이후로 방송사가 공고하게 쌓아 온 저작권 독점 체제에 금이 가기 시작했다고 평가했다. 이를 계기로 다른 외주제작사도 방송사에 수익 배분을 요구할 수 있는 근거가 생긴 셈이다. 외주제작사 업계 관계자는 "좋은 첫 사례가 생긴 만큼 그동안 잘못된 우리나라 방송사와 외주제작사 간 관계도 변화하게 될 것"이라고 기대감을 내비쳤다.

드라마제작사협회와 독립제작사협회에 따르면 대부분의 외주제작사는 직접 기획하고 촬영한 영상 권리를 거의 갖지 못한다. 방송사가 저작권을 가져가니 영상 제작으로 수익을 내기 어려웠다. 방송으로 수익을 얻지 못한 외주 제작사는 협찬 광고에 집중하는 경우가 많다. 한 외주제작사업체 대표는 "저작권을 달라고 요구했다가는 방송사가 아예 다음 작품을 함께할 기회를 주지 않기 때문에 말을 꺼낼 수도 없는 상황"이라면서 "방송으로 돈을 벌 수 없으니 PPL 등 협찬광고 계약에 더 많은 신경을 쓰고 있다"고 토로했다.

결국 아무리 좋은 영상을 만들어도 수익 배분에 대한 권리가 없어 성장하지 못한다. 물론 방송사가 외주 제작사에 해외 판권을 주는 경우도 있지만 영세한 제작사 입장에서는 막대한 해외 마케팅 비용을 들일 여유가 없는 게 현실이다. 문화체육관광부에 따르면 2008년에서 2014년까지 외주 제작사 평균 종사자수는 9~14명으로 정체돼 있다. 직원이 14명도 안 되는 기업으로선 해외에 영상을 판매할 여력이 없다. 안인배 독립제작사협회장은 "외주제작사는 크게 성장하지 못하니 거의 대부분이 구멍가게 수준"이라고 털어놓았다.

외주 제작사와 방송사 간 관계를 바로잡기 위해 정부가 표준 계약서를 만들었지만, 실효성은 여전히 의문이다. 가이드라인일 뿐이기 때문이다. 정부 관계자는 "표준계약서가 있지만 사실 가이드라인 수준"이라면서 "정부가 나서서 양측 계약에 개입할 수 없는 상황"이라고 밝혔다. 건전한 콘텐츠 생태계를 조성하기 위해 반드시 짚고 넘어가야 할 과제다.

얼어붙은 수출, 넷플릭스를 잡아라

대표 콘텐츠 수출 지역인 중국시장에 '빨간불'이 켜졌다. 국내 제작사의 중국 진입이 갈수록 어려워지고 있다. 2016년 7월 8일 한국 정부의 고고도미사일방어체계(사드) 배치 결정 이후, 중국이 보복 조치로 '한한령限韓令'을 실시했기 때문이다. '한한령'은 좁은 의미로는 중국 내에서 한국에서 제작한 콘텐츠 또는 한국 연예인이 출연하는 광고 등의 송출을 금지하는 조치를 뜻한다.

중국 정부는 공식적으로 한한령 시행을 부인한다. 민간 중국 기업에 한국 콘텐츠 제작사와 계약하지 마라는 공식적인 문서를 남긴 적은 없다. 중국 외교부는 사드 배치에 반대하는 중국민의 뜻이 반영돼 한중 민간 교류가 이루어지지 않을 수 있다고 밝혀 한한령이 사실상 민간 차원에서 진행되고 있다고 볼 수 있다.

한한령 이후 국내 콘텐츠 제작사는 심한 후폭풍을 겪었다. 2016년 하반기 우리나라가 TV프로그램, 음악, 영화 등 음향·영상서비스로 외국에서 벌어들인 수입이 많이 줄었다. 한국은행 국제수지 통계를 보면 2016년 10월 '음향·영상 및 관련 서비스' 수입은 5,150만 달러로 9월보다 1,430만 달러(21.7%) 줄었다. 8월 7,750만 달러에서 9월 6,580만 달러로 줄어든 데 이어 두 달 연속 감소세를 보인다. 10월 수치는 2015년 9월(4,870만 달러) 이후 13개월 만에 최소 규모였다.

중국과 사업 관련도가 높은 문화콘텐츠 업계를 대상으로 실시한 문화체육관광부의 설문조사(2016년 9월) 결과 사드 배치 결정이 중국과 교류에 부정적인 영향을 미친다고 응답한 비율이 81%를 차지했다. 직접적인 손실을 입었다는 비율이 35.3%, 피해액 규모 5억 미만이 전체의 51.8%로 나타났다. 직접 손실을 입었다는 기업은 공동 제작 등 계약의 중도 해지(55.2%), 심의·통관 등 지연(24.1%), 행사 연기 또는 취소(13.8%)와 같은 피해를 입었다고 답했다.

중국에서 한류 문화행사가 잇따라 취소되고 중국 드라마에 출연하던 우리 배우가 중도에 하차하는 일까지 발생했다. 중국 문화부의 공식 홈페이지에 따르면 2016년 10~11월 중국 공연을 승인받은 한국 스타들이 한 명도 없다. 국내 제작사를 취재하다보면 중국과 진행하던 프로그램 제작이 거의 모두 중단된 상태다. 국내에서 선풍적인 인기를 얻은 드라마 도깨비마저 중국 방영이 무산됐다.

글로벌 리서치 전문기업 PwC에 따르면 중국은 미국에 이어 세계 2위 규모의 엔터테인먼트와 미디어 시장이다. 우리나라 콘텐츠의 중국 수출 의존도는 아주 높다. 한국콘텐츠진흥원은 2017년 1월 한국의 콘텐츠 수출 중 중국 비중이 2015년 기준 27%로 일본(26%)보다 조금 높은 1위라고 집계했다.

중국의 자국 문화 보호 정책은 오래됐다. 중국 정부는 서구 문화가

들어오는 것이 중국 문화 발전을 위협한다는 속내를 감추지 않았다. 외국 문화의 중국 유입을 제한해 왔으며 이런 입장에서 한류 콘텐츠 확산의 주요 계기마다 규제를 신설·강화했다. TV 방송 장르는 방송 시간 및 편수, 사전 심의, 출연진에 대한 전방위적 규제가 이미 시행 중이다. 중·외 합작 드라마 제작 시 제작 허가가 필요하며 중국인 스태프 비율이 1/3 이상이어야 한다. 공동판권 보유도 의무화했다. 한국 드라마 편성 시 프라임 타임대에 송출이 불가하며, 신규 방송 프로그램은 연간 1편 이내, 외국 포맷 수입도 연 1회로 제한한다.

탈출구는 없을까. 한한령으로 중국 투자가 막힌 상태에서 넷플릭스를 통한 진출이 새로운 해법으로 주목받고 있다. 넷플릭스는 190개 국가에 진출했으며 가입자 약 9,300만 명을 가진 글로벌 1위 OTT 사업자다. 국내 제작사가 넷플릭스와 계약하면 중국 의존도를 줄이면서 세계로 손쉽게 진출할 수 있다.

중소 콘텐츠 제작사는 넷플릭스를 등에 업고 해외 진출에 속도를 내고 있다. 넷플릭스도 이를 부인하지 않는다. 넷플릭스 관계자는 "내부 원칙상 정확한 숫자를 공개할 수 없지만, 이미 업로드 된 한국 콘텐츠가 해외 무대에서 인기를 얻자 많은 한국 사업자와 계약을 서두르고 있다"고 설명했다. 넷플릭스로 진출한 대표 중소 콘텐츠는 뽀롱뽀롱 뽀로로, 타요, 라바, 통메모리즈, 악몽선생, 연애세포, 헤어진 다음날 등 수십 편이 넘는다. FNC 애드컬쳐는 중국 소후닷컴에서 방영될 예정이던 사전 제작 드라마 '마이 온리 러브송'을 넷플릭스에서 공개하기로 결정했다. 2016년 1월 넷플릭스의 국내 시장 진출전 업로드된 토종 콘텐츠는 10개 미만이었던 상황에 비하면 '180도'로 달라졌다.

중소 콘텐츠 사업자도 넷플릭스 덕분에 해외 진출이 수월해졌다고 밝혔다. 과거 중소 제작사가 해외에 진출하기 위해서는 직접 배급사를 찾아야 되는 등 장애가 많았다. 좋은 콘텐츠가 있어도 재정이 열악해 해외 진출이 어려웠다. 웹드라마 '통메모리즈' 제작사 IHQ는 "해외 마켓에 나가서 넷플릭스에 올라간 프로그램이라고 소개하면 계약 진행이 수월하다"고 말했다. 애니메이션 라바 제작사 투바앤 관계자는 "과거 미국 진출이 다소 어려웠는데 넷플릭스에 올라간 이후 미국 사업자와 계약 상담에 속도가 붙었다"고 밝혔다.

넷플릭스는 직접 국내 콘텐츠 제작에도 뛰어들었다. 봉준호 감독의 영화 '옥자'를 서비스하는 것을 시작으로 천계영 작가의 웹툰을 원작으로 한 로맨스 드라마 '좋아하면 울리는' 장르물의 대가 김은희 작가의 판타지 사극 '킹덤'을 선보인다.

넷플릭스에 이어 아마존까지 국내에 진출하면서 콘텐츠 제작사의 해외 진출 장벽은 더욱 낮아질 전망이다. 다만 콘텐츠 제작사는 넷플릭스가 아무런 수치를 공유하지 않는 점에는 아쉬움을 표했다. 넷플릭스는 시청 패턴을 분석하는 빅데이터로 성공한 기업이지만 콘텐츠 제작사와 시청 횟수 등 그 어떤 데이터도 공유하지 않는다. 한 콘텐츠 제작사 관계자는 "넷플릭스를 통해 글로벌 진출이 쉬워진 점은 좋지만 우리 콘텐츠가 어느 국가에서 인기가 있는지 전혀 알 수 없는 점은 아쉽다"고 말했다.

해외 콘텐츠 진출… 인고의 세월

불과 10년 전만 해도 우리는 선진국 프로그램을 따라가기에 바빴다. 일본 프로그램의 포맷이나 편성을 베끼기 위해 부산에 눌러앉아 일본 TV를 시청했다든가, 사장이 PD에게 일본 프로그램 녹화 테이프를 던져주며 '똑같이 만들어보라' 했다는 이야기 등은 지난 시대의 우울한 이야깃거리였다. 95년 케이블TV 개국으로 자신감이 붙었고 해외로 눈을 돌렸다. 96년 홍콩에서 열린 'MIPASIA 96'에 '케이블텔레비전 코리아'라는 공동 부스가 처음으로 모습을 드러냈다. 국내 PP 9개사가 만든 공동 부스였는데 82만 달러의 수출 계약을 맺는 쾌거를 올렸다. 지상파방송 3사가 105만 달러어치를 계약했으니 초기 진출치고는 놀라운 성적이었다. 당시 주도했던 업체가 Q채널, 캐치원, DCN, HBS, 동아TV, A&C 코오롱, Mnet, KMTV, 투니버스 등이었다.

해가 바뀌어 97년 프랑스 휴양도시 칸에서 열린 국제 방송 프로그램 'MIP-TV'에 8개 PP가 공동으로 부스를 마련했다. 97년 한 해에만 PP가 해외에서 벌어들인 금액은 총 135만 1,000달러였다. 이듬해 프로그램 수출로 거둔 금액은 총 226만 1,000달러나 되었다. IMF 외환 위기에서 거둔 성과이기에 더욱 가치가 빛났다. 대부분의 수입국은 홍콩, 중국, 대만 등 중국어권에 집중됐다. 점차 중국이 문화 수출 시장으로 급부상했으며, 수출 단가도 급등했다. 문화적 이질감도 낮을 뿐더러 500여 개의 방송국이 난립해 있는 시장이기에 가능했다.

99년부터 국경을 넘는 토종 콘텐츠가 더 많아졌다. 베트남, 중국, 대만, 싱가포르 등 아시아지역에 한국산 드라마가 방송되면서 이를 구입하려는 곳이 많아졌으며, 한국 가수와 탤런트, 배우의 출연 요청도 쇄도했다. 주로 전시회를 통해 수출이 이뤄지는 사례가 많았다. 당시 프랑스 칸의 MIP-TV, 미국 라스베이거스의 NATPE, 홍콩 FILMART, 중국 STVFShanghai TV Festival, 싱가포르의 MIP-ASIA 등이 수출을 위한 전초 기지였다. 2001년도에는 방송 프로그램 수출이 크게 늘어나면서 처음으로 303만 9,000달러의 무역 흑자를 달성했다. 수출지역도 중국, 대만, 일본 등에서 인도네시아, 말레이시아 등 아시아 전역으로 확대되었다.

2010년부터는 포맷을 수입하던 위치에서 수출하는 자리까지 올라섰다. 우리와 문화가 이질적인 이탈리아와 같이 나라에서도 쇼케이스를 열어 수출 지역을 다변화했다. 티캐스트의 E채널은 자체 제작 드라마 '빅히트' '여제' 등을 일본으로 수출했다. MBC에브리원은 '우리 집에 연예인이 산다' 포맷을 중국에 수출했다. 현대미디어의 트렌디 채널은 자체제작 예능 프로그램 '더 뮤지트' '에이핑크 뉴스 시즌'을 홍콩을 비롯한 동남아시아에 수출했다. CJ E&M은 '슈퍼스타K'와 같이 지상파방송의 아성을 무너뜨린 대표작을 만들어 냈으며 2013년에는 포맷 수출과 공동 제작을 통해 중국에서 '슈퍼스타 차이나'를 선보였다. '꽃보다 할배'는 포맷을 수출해 중국 방송사와 공동으로 제작했으며 한국 예능 최초로 미국 지상파방송 NBC에 포맷을 수출하는 쾌거도 올렸다.

'더 지니어스'는 네덜란드에 포맷 수출을, '슈퍼디바'는 멕시코, 콜롬비아, 아르헨티나에서 현지 버전으로 제작됐다. 'K-예능'이란 말이 나올 정도로 PP 오락 장르가 큰 힘을 발휘했다. 우리만의 독창적인 기획력과 완성도로 한 차원 진화된 포맷 수출이 가능해졌다. CJ는

'tvN 아시아'를 통해 Mnet의 '엠카운트다운' 등을 아시아 전역에 방송해 K팝을 견인했으며, 한류 콘서트인 'K-CON' 'MAMA: Mnet Asia Music Awards'까지 탄생시켰다. MAMA는 15개 국가에 생중계, 93개 국가 23억 시청자에게 노출시키는 저력을 보여주었다.

여기에 그치지 않고 PP업계는 실시간 지역채널에 전통시장 관련 정보를 더하고, 연동형 양방향 데이터방송, VOD, 모바일 앱 등을 결합시킨 새로운 콘텐츠를 연이어 개발했다. 2014년에는 프랑스 칸에서 열린 세계 최대 영상박람회인 'MIPCOM 2014'에서 UHD 콘텐츠 판매 계약을 체결했으며, 드라마 '응답하라 1994' '삼총사' 등과 함께 K팝 한류 콘텐츠인 '2014 MAMA' 등도 판매를 했다.

수출 규모도 급격히 늘고 있다. 2009년에는 그 규모가 불과 300만 달러 정도였는데 2010년에 600만 달러, 2011년 1,300만 달러, 2012년 2,600만 달러를 돌파할 정도로 해마다 신기록을 갈아치우고 있다. 모두 PP가 가진 콘텐츠의 힘이 일취월장했기 때문에 가능한 일이었다. 드라마, 오락, 음악 등 케이블TV의 콘텐츠는 아시아와 미주를 넘어 이제 유럽까지 지구촌을 누비며 '킬러 콘텐츠'로 거듭났다.

작지만 강한 콘텐츠 채널

03

전문 채널, 마니아를 사로잡다

케이블TV는 중소 규모의 특화된 전문 채널을 중심으로 성장해 왔다. 다채널이라는 강점을 십분 활용한 것이다. 한 분야에 푹 빠진 마니아층은 케이블TV의 주된 공략 대상이었다. 바둑이나 낚시와 같은 취미 채널이 손쉽게 자리 잡은 배경이다. 이들 채널은 광고 효과도 높아 채널 경쟁력을 확보하는 데 기여했다.

94년 2월에 개국한 1,000만 바둑 인구를 위한 '바둑TV'가 대표적이다. 지상파방송에서 시간 제약으로 다루기 힘든 대국을 소개해주면서 마니아 중심으로 꾸준한 인기를 누렸다. 아마추어가 직접 참여하는 프로그램을 비롯해 초보자를 위한 강좌, 프로 기사 대국 해설, 묘수풀이, 바둑의 역사 등 콘텐츠 구성도 다른 채널에서 볼 수 없는 포맷이었다.

영화 마니아는 지상파방송의 '주말의 명화' 대신에 케이블TV 영화 전문 채널을 찾았다. 최신작은 물론 영화 팬을 위한 추억의 영화, 클래식 고전영화, 서부영화 등 자신의 취향에 따라 갈 수 있는 길이 많았기 때문이다. 음악과 뮤직비디오를 감상할 수 있는 음악채널 Mnet과 KMTV는 10대와 20대 여성의 기호에 맞는 프로그램을 내보내 성공한 사례다. 지상파방송의 가요 순위 프로그램에 식상해진 취향을 잘 파고든 덕택이었다.

'미드(미국 드라마)'도 케이블TV에서 즐기려는 마니아층 덕분에 짧은 시간에 자리를 잡았다. OCN의 'CSI'시리즈와 같이 검증된 수사물을 시작으로 불어온 미드 열풍은 '프리즌 브레이크' '스파르타쿠스' 신드롬을 거쳤고 스크린에서 방영한 '왕좌의 게임' 등의 HBO 시리즈, FOX 채널 '워킹 데드'까지 이어지면서 다양한 장르와 소재로 인기를 끌었다.

레저와 스포츠를 취미로 가진 시청자도 케이블TV의 든든한 지원군이었다. J골프, SBS 골프채널 등을 통해 골프 정보와 팁, 심지어 방송을 통한 레슨까지도 즐겼다. 세계적인 골프 선수의 시합 모습도 강한 충성도로 이어졌다. 야구나 축구 등 대중적인 지지 기반이 넓은 종목도 충성 시청자가 많았다. 모두 취향과 기호, 취미를 제대로 반영한 콘텐츠를 자체 제작한 덕분이다. 케이블TV는 전문 채널로 두터운 마니아층을 확보했으며 경쟁력을 키워 나갈 수 있었다. 취미를 방송으로 이어주고 방송은 다시 문화를 만드는 현상까지 발생했다. 색깔 있는 전문 채널을 활용해 문화발전소 기능도 톡톡히 해냈다.

프라이드나 K-1, UFC와 같은 이종격투기 신드롬도 그 중에 하나였다. '코리안 좀비'와 같은 별칭이 붙은 파이터를 보면서 격투기 체육관이 하나, 둘 씩 생겨났다. 아마추어를 위한 프로그램도 만들어지면서 단순한 취미를 넘어 프로 파이터를 꿈꾸는 신세대도 등장했다. 스노보드를 비롯해 인라인스케이트, 스케이트보드, 자전거스턴트 등 일명 'X게임'으로 불리는 새로운 레포츠와 취미 생활을 독려하는 현상이 만들어졌다. 비보잉B-boying을 즐기는 젊은이를 위한 프로그램도 나오고, 어떤 팀은 세계 대회에 나가서 우승 트로피를 들었다. DIY 채널과 같이 DIY가구 홈인테리어를 취미로 가진 사람들을 위한 방송도 생겨났다. 미술, 공예 등의 취미와 생활까지 안방을 파고들었다. 여성 시청자들을 위한 패션·뷰티채널의 성장도 두드러지고 있다.

전문 채널로서 신선한 충격은 역시 게임이었다. 주로 13~25세 남자들을 시청자로 확보하며 TV앞에서 스타크래프트와 같은 게임에 열광하게 만들었다. 2000년 7월 방송을 시작한 온게임넷은 '단순한 여가생활 분야 방송이 제대로 되겠냐'는 인식을 보기 좋게 불식시켰다. 게임 중계를 위한 전문 캐스터를 양산했으며, 지상파방송에서는 볼 수 없는 파격적인 편집과 내용으로 마니아층을 붙잡았다.

최근에는 요리를 즐겨 하거나 맛있는 요리를 찾아다니는 시청자들을 위한 요리채널, 푸드채널도 주목을 받고 있다. 만들어보고 싶도록 알려주는 레시피, 가보고 싶도록 찾아가는 맛집, 계절마다 제철인 음식 등으로 요리문화를 풍성하게 만들어가고 있다. 지상파방송에서 5분 정도에 걸쳐 유명 요리사가 잠깐 요리법을 알려주던 과거와 완전히 다른 세상을 열었다. 다양한 전문 채널은 방송의 독과점 시대를 뒤흔들었다. 시청자는 방송 프로그램을 보는 수동적인 위치에서, 취향에 맞는 내용을 고르는 적극적인 존재로 바뀌었다.

과거와 달라진 전문 PP의 위상

자주 가는 한 포털 카페에 화제가 된 글이 있었다. 댓글이 100개 가까이 달려있었다. 평소 소수 마니아에게만 알려진 PP에 관한 글이었다. 글 내용은 프로그램 취지와 상관없이 여성 출연자들이 몸매가 너무 드러나는 옷을 입고 나와 불편하다는 것이었다. 개별 PP로서는 어떻게든 화제가 되고 싶어서 그런 선택까지 했을까 하는 생각에 씁쓸해졌다.

유튜브, 네이버 TV캐스트 등 인터넷에는 다양한 동영상을 볼 수 있는 창구가 생겼다. 더 이상 TV만이 영상을 노출할 수 있는 매체는 아니다. TV 시대는 지고 있다. 이는 얼핏 개별 PP에 유리해 보인다. TV에서는 뒤에 번호를 배정받으면 시청자 눈길을 사로잡기 어렵다. 지상파 채널을 보다가 200번대 채널까지 돌려 보는 이는 적을 것이다. 끝번호대 PP로서 시청률 올리는 것이 하늘의 별따기다.

과거에는 PP대표가 조금이라도 좋은 채널을 받기위해 유료방송 사업자를 찾아다니면서 부탁했던 시절도 있었다. 이제는 누구나 영상을 잘 만들면 인터넷에서 인기를 얻을 수 있는 시대가 온 듯하다. 다수의 PP에 유튜브나 네이버를 활용하면 훨씬 낫지 않느냐고 물어보면 다들 고개를 흔든다. 이론상으로는 그렇지만 현실은 전혀 그렇지 않다는 것이다.

TV에 방영된 영상물은 보통 50분짜리다. 이것을 인터넷에 통째로 올릴 수 없다. 다들 짧은 동영상을 선호하는 상황에서 잘 알지도 못하는 프로그램을 50분이나 볼 인내심을 내기가 쉽지 않다. 인터넷용으로 재편집하거나 인터넷 영상을 따로 만들어야 한다. 초기에는 인터넷 전용 영상을 많이 만들어서 올렸으나 생각보다 노출되기가 쉽지 않다. 하루에도 수백만 편이 올라오는 사이버 세상에서 채널 이름을 알리는 것은 참으로 어렵다.

제작비용을 회수하기도 쉽지 않다. PP는 유튜브와 네이버에 영상을 올리면 클릭 수 하나에 얼마로 계산해서 비용을 받는다. 보통 클릭 1회에 엄청나게 낮은 수준으로 계약한다. 인지도 없는 PP가 포털과 큰 비용으로 계약하기가 어렵기 때문이다. 동영상 노출만으로 제작비도 감당하기 어려운 것이 현실이다. 상황이 이렇다보니 대다수의 중소, 개별 PP는 다시 TV 프로그램 제작에 집중할 수밖에 없다.

하지만 전문 PP는 지금 이순간도 계속해서 성장하고 있다. 도심 아스팔트에 핀 꽃이 힘겹게 고개를 내미는 것처럼 차별화한 콘텐츠 경쟁력 하나로 어려운 난관을 헤쳐 나가고 있다. 자체 제작 콘텐츠를 내놓는 간판 전문PP를 소개한다.

마운틴TV

마운틴TV는 산악 전문 PP다. 국내에서 벗어나 해외에 진출했으며 모바일 유통에도 성공했다. 기존 국내 TV채널만으로는 성장에 한계가 있다고 판단해 다양한 플랫폼에 뛰어들었다. 미국, 프랑스, 벨기에, 스위스, 중국, 아프가니스탄, 방글라데시, 네팔, 몰디브, 파키스탄 등 29개국에 프로그램을 수출했다. 미국 프린서펄 미디어와 영국 TVF, 볼더크릭 등 글로벌 메이저 배급사와 배급 협약을 체결했다. 국내 방송사 주요 시장인 아시아에서 미국과 유럽까지 판매 시장을 넓히는 쾌거를 이뤘다.

마운틴TV가 제작한 초고화질(UHD) 다큐 '하늘에서 본 한국(Korea from

Above)'은 2016년 10월 프랑스 칸에서 열린 세계 최대 영상 박람회 '밉컴(MIPCOM)'에서 20여 개국에 판매되는 성과를 올렸다. 프랑스지상파 '프랑스 텔레비전' 덴마크지상파 'DR TV' 등 20개국 이상에 판매가 확정됐으며 조만간 40여 개국으로 늘어날 예정이다.

세계무대 진출 성공 비결은 기획부터 해외를 겨냥한 덕분이다. 유럽과 미주 시장을 공략하기 위해 국내 최초로 스페인 제작사와 공동 제작을 추진했다. 코소보, 몬테네그로, 그리스 등 해외를 배경으로 다큐를 만들었다. 문화적 이질감을 없애는 데 초점을 맞췄다. 글로벌 UHD 콘텐츠 수요가 늘어나는 점을 감안해 UHD로 제작한 점도 한몫했다. 마운틴TV는 2014년부터 UHD 프로그램 제작에 뛰어들었다. 김남희 마운틴TV 대표는 "세계적으로 UHD TV 판매는 전년 대비 3배 가까이 급증했지만, UHD 콘텐츠는 세계 콘텐츠 시장에서 부족한 실정이기 때문에 제작에 힘쓰게 됐다"고 밝혔다.

마운틴TV는 TV에서 모바일로 보폭을 넓히는데도 성공했다. 마운틴TV가 네이버TV캐스트에서 선보인 '천하무림기행'은 누적 조회 수 130만을 돌파했다. 대부분 모바일 인기 영상이 웹 드라마에 편중돼 있는 상황에서 다큐 영상이 100만을 넘은 것은 의미 있는 성과다. 개별 PP로는 처음으로 모바일 영상 유통을 시도했다. TV를 잘 보지 않는 10~20대 젊은 층을 시청자로 끌어들이기 위해서는 모바일 유통이 필수라고 판단했기 때문이다. 한국 넷플릭스에 천하무림기행, 하늘에서 본 한국 등 4편이 판매됐다. 마운틴TV가 제작한 국내 최초 UHD 웹다큐 천하무림기행은 중국 최대 동영상 플랫폼 아이치이와 르TV(LeTV)에도 판매됐다.

마운틴TV는 앞으로도 세계에서 통할 수 있는 경쟁력 있는 프로그램을 만들 계획이다. 김 대표는 "대기업이 운영하는 PP와 중소PP 간 '부익부 빈익빈' 현상이 날로 심해지고 있다"며 "이를 돌파하기 위한 방안으로 대기업 못지않은 프로그램을 만들어 강소PP로 자리 매김하겠다"는 포부를 밝혔다.

FTV

한국낚시채널 FTV는 국내는 물론 해외에서도 두터운 마니아층을 형성했다. 단순 낚시 프로그램 제작에만 머무르지 않고, 낚시 관련 드라마, 다큐멘터리, 예능 프로그램 등 다양한 장르를 깊이 있게 제작하기 때문이다.

FTV는 중국, 뉴질랜드, 베트남에서 프로그램을 방영하고 있다. 국내 개별 PP 중 최초로 중국 최대 위성 방송사인 후난TV와 계약에 성공했다. 중국 6개 방송사에 FTV 프로그램이 나온다. 중국 연변위성방송, 사해방송, 후난위성방송, 망고TV, 웨이하이 광보방송국, 해양TV와 프로그램 방영권을 계약했다. FTV는 베트남 국영 지상파 방송사 VT에도 프로그램을 수출했다. 아시아가 아닌 뉴질랜드에서도 FTV 인기가 뜨겁다. 뉴질랜드 IPTV 메가텔(Megatel)이 먼저 FTV에게 러브콜을 보냈다. 메가텔에는 24시간 FTV가 실시간 방영되고 있다.

인기 비결은 낚시를 소재로 다양한 장르 프로그램 제작에 도전하기 때문이다. FTV는 낚시하는 프로그램만 제작하지 않는다. 낚시를 하지 않는 시청자도 공감할 수 있도록 드라마, 예능, 다큐멘터리 등 다양한 장르를 개척했다. FTV 자체 제작 비율은 80%에 달한다. 2014년 웹툰을 기반으로 한 국내 최초 낚시 드라마 '손맛'을 제작했다. 손맛은 2014 캐나다국제영화제 외국영화 경쟁부문에서 상을 받았다. 삼시세끼를 패러디한 예능 프로그램 '삼시라면'도 인기를 끌었다. 삼시라면은 낚시한 생선 등 해산물을 라면에 넣어 요리하는 예능 프로그램이다. 붕어낚시 월척특급은 전국노래자랑급 장수 프로그램이다. 14년째 방영 중이다. 나채재 대표는 "그저 던지고 낚는 낚시 외에도 낚시와 관련된 다양한 역사, 다큐, 드라마 등 콘텐츠를 제작해 시청자 저변을 넓히고 있다"고 설명했다.

작품성도 인정받았다. 한국낚시채널 FTV의 창사 15주년 특집 다큐멘터리 2부작 '물 이야기(Story of Water)'가 12MFF(Months Film Festival)에서 우수작품상과 관객 인기상을 동시에 수상했다. 제9회 탕헤르국제영화페스티벌(TIFF) 장편영화 파노라마 부문에 당선작으로도 선정됐다. 탕헤르국제영화페스티벌(Tangier International Film Festival)은 모로코 항구도시에서 열리는 세계적 영화축제로 올해 총 1200여 작품이 출품돼 치열한 경쟁을 벌였다.

FTV는 낚시로 한류 열풍을 이끌 전략이다. 국내 제작 프로그램 단순 수출을 넘어서 처음부터 중국과 합작해서 낚시 프로그램을 제작한다. FTV는 중국 후난위성방송과 '자매꽃(姉妹花)'을 제작 중이다. 자매꽃은 우리나라와 중국 여성 낚시꾼이 낚시법과 관광지를 소개하는 UHD 영상이다. 나채재 FTV 대표는 "낚시는 언어가 필요 없어 국경의 제약이 없다"며 "한류 열풍을 이어갈 수 있는 매력적인 프로그램을 지속적으로 제작하겠다"고 포부를 밝혔다.

아시아UHD

아시아UHD는 2015년 중순 중소 방송채널사용 사업자(PP)로서는 처음으로 UHD 전문채널을 시작했다. 대기업 위주로 운영되는 UHD 콘텐츠 시장에 도전장을 내밀었다. 기존 UHD 채널은 자본력을 가진 지상파 방송사와 대기업이 운영해 왔다. 안승현 아시아UHD 대표는 "UHD 콘텐츠 수요에 비해 공급이 적어 가능성이 있다고 판단했다"고 밝혔다. 아시아에 특화된 UHD 콘텐츠로 차별성을 꾀한다. 아시아UHD는 4K로 제작된 중국 · 일본 드라마와 다큐를 500여 편을 확보했다. 중국과 일본에서 4K로 제작된 콘텐츠를 세계 최초로 한국에서 방영한다.

안승현 대표는 중국 드라마 속 화려한 의상과 광활한 전투장면, 일본 드라마의 감각적인 색감은 UHD 장점을 극대화할 수 있을 것이라고 설명했다. UHD 자체 제작 비율은 30%까지 높일 계획이다. 안 대표는 "아시아콘텐츠

우수성을 알리고 UHD 방송 시장이 활성화되는 계기가 될 것으로 기대한다"고 밝혔다.

중국과 합작 UHD 드라마 제작도 준비 중이다. 중국 제작사와 국내 웹소설을 기반으로 한 한중 합작 드라마 제작을 시작한다. 안승현 대표는 "국내 뿐 아니라 중국에서도 작품성이 뛰어난 국내 웹 소설을 드라마화 한 작품 인기가 높다"며 "한국과 중국 공동투자를 통해 완성도 높은 한중 합작 드라마를 구상 중"이라고 밝혔다. 한중간의 진정한 콘텐츠 교류가 완성되길 기대한다는 포부를 밝혔다. TV가 아닌 모바일 시청자 확보에도 나섰다. '수호지' '표문, 지켜야할 것' '전설로 남은 영웅 이소룡' '상하이 1932, 잔혹한 로맨스' 등을 네이버TV캐스트로 내보내고 있다.

아시아UHD는 국내 거주 아시아인을 위한 전문채널이 목표다. 일본, 중국 등 프로그램 위주로 방영하지만, 인도 등 다양한 아시아 국가 프로그램을 수급 · 제작할 계획이다. 안 대표는 "다문화 가정이 늘어나지만 아시아 문화를 접하기는 쉽지 않았다"며 "아시아 프로그램을 보면서 다문화 가정 아동이 아시아 문화를 계속 접할 수 있도록 도와줄 것"이라고 말했다.

실버아이TV

"어린이 채널은 많은데 왜 노인 특화 채널은 없을까." 실버아이TV는 고령사회에 접어들지만 노인 특화 프로그램이 부족하다는 판단에서 시작됐다. 65살 이상 국내 고령인구는 662만 명으로 전체 인구 13.1%에 달한다. 이재원 실버아이TV 대표는 "어린이 채널은 20여 개에 달하지만 늘어나는 노인세대를 위한 프로그램은 없어 노인 특화 프로그램을 제작했다"고 설명했다.

주로 일자리, 건강 등 실버세대에 필요한 프로그램을 제작한다. 노인의 정보력 차이가 곧 빈부격차로 이어질 수 있다고 판단했다. 자체 제작 비율은

80%다. 실버아이TV는 특강, 시니어포럼, TV노인대학 등 교양 프로그램과 정책, 재취업, 의료, 금융 관련 정보 프로그램을 편성한다. 간판 교양 프로그램 '7080시니어특강'은 VOD 판매량도 높고, 다른 PP에 판매됐다고 밝혔다. 7080시니어특강을 눈여겨 본 지상파TV 측이 촬영 현장을 방문해 노하우를 배워가기도 했다. 이재원 대표는 "여러 노인 관련 학회에서 개최하는 세미나를 닥치는 대로 찾아다니며 실버세대 관련 콘텐츠는 모두 녹화했다"며 "어느 매체보다 노인 관련 최신 정보를 가장 많이 확보했다"고 강조했다.

노인 전문채널이지만 딱딱하지 않다. 예능 프로그램 제작에도 힘을 쏟고 있다. 실버아이TV는 올해 초부터 실버세대 성생활 관련 고민을 유쾌하게 풀어낸 '박세민의 성인토크쇼 49금'을 방영 중이다. 부부관계, 불륜과 외도, 갱년기 트러블 등 중장년층 남녀 성생활을 다룬다. 예능 프로그램이지만 신경정신과 전문의와 성교육 전문가가 나와 고민해결을 도와준다. 이 외에도 '스타쇼 리듬댄스' '우리가요한마당' '가요넘버원' 등 실버세대 맞춤형 예능을 제작해 방영한다.

실버아이TV는 깊이 있는 정보를 전달하기 위해 노인 관련 단체와 손잡았다. 고용노동부 워크넷과 손잡고 노인 일자리 정보를 실시간으로 제공한다. 한국은퇴설계연구소와 방송프로그램 공동제작 협약을 체결했다. 은퇴설계 전문 프로그램을 공동 제작한다. 서울시 인생이모작 지원센터와도 방송프로그램 업무협약을 맺었다. 이재원 대표는 "은퇴 시기가 앞당겨지면서 젊은 노년층이 계속 증가하고 있다"며 "이 세대를 새로운 생산의 주체이자 새로운 소비주체로 재교육하고, 활성화하는데 실버아이TV가 앞장서겠다"고 말했다.

아이넷TV

성인가요 전문 PP 아이넷TV는 국내 트로트의 한류 전도사 역할을 톡톡히

하고 있다. 10대에 국한됐던 K-팝의 연령대를 넓히는데 앞장서고 있다. 국내 트로트는 아이넷을 통해 미국, 중국, 인도네시아, 우크라이나 등 세계 각국에 퍼지고 있다. 우크라이나 방송위원회와 방송 콘텐츠 교류를 위한 양해각서(MOU)도 체결했다. 아이넷은 현지 공연도 열어 우크라이나에서 큰 호응을 불러일으켰다. 아이넷은 미주 한인방송 TVK24, 뉴욕 한인방송 KNN-TV, 중국 연길TV등과 콘텐츠 교류 MOU를 체결한 뒤 총 10여억 원의 콘텐츠를 무상 제공 중이다. 인도네시아에서도 LBS-아이넷TV를 개국해 트로트를 통한 케이팝 열풍을 이어나가고 있다.

해외 진출은 탄탄한 콘텐츠 덕분에 가능했다. 아이넷에는 장수 프로그램이 2개나 된다. 성인가요 콘서트와 가요사랑 콘서트는 10년이 넘었고, 즐거운 가요는 5년 동안 방영되고 있다. 성인가요 콘서트는 2004년 첫 방송을 시작으로 2016년 309회 공연을 펼쳤으며, 2014년부터는 국내뿐 아니라 일본, 중국, 러시아 등 해외공연을 시작했다.

방영되는 콘텐츠의 90%이상을 자체 제작한다. 개별 PP 중 드물게 12톤 풀 HD중계차를 보유했다. 100명 이상의 전문 제작 인력도 갖췄다. 콘텐츠 보관센터, 스튜디오, 종편실, 가편실, 녹음실 등도 있어 제작에서 방영까지 모든 과정이 자체적으로 가능하다. 참신한 아이디어가 바로 프로그램으로 만들어질 수 있는 기반을 갖춘 셈이다. UHD 방송도 준비 중이다. 박준희 아이넷 회장은 "아이넷은 자타공인, 대중가요 분야의 독보적인 방송채널사용 사업자(PP)로 자리 잡았다"며 "여기서 만족하지 않고, 성인가요를 보면서 모든 국민이 춤추며 즐기며, 나아가 우리 음악이 세계로 뻗어나갈 수 있도록 노력 하겠다"고 강조했다.

콘텐츠 반란군 'CJ그룹'

04

이노베이터의 시작 '케이블TV'

케이블TV 상징과 같은 채널이 미국 'CNN'이다. CNN 아이디어는 고정관념의 파괴와 익숙함의 거부였다. 미국이 '케이블TV 왕국'으로 불리지만 80년대까지만 해도 우리와 비슷했다. NBC, CBS, ABC와 같은 지상파방송이 주도했다. 지상파TV가 정해 놓은 시간에만 뉴스를 봐야 한다는 게 당시의 상식이었다. 원하는 시간에 마음대로 뉴스를 볼 수 있게 한다는 발상이 CNN을 탄생시켰다.

CNN이 개국하면서 뉴스의 새 지평을 열었다. '24시간 뉴스방송'이라는 새 장르가 만들어졌다. 86년 우주왕복선 챌린저호 발사 직후 사고를 시작으로 2001년 9.11테러로 붕괴되는 뉴욕 세계무역센터 현장, 아프가니스탄을 포함해 세계 곳곳에서 벌어지는 크고 작은 전쟁터까지 굵직한 사건 뒤에는 항상 CNN 카메라가 따라 붙었다. 지상파가 따라올 수 없는 시스템과 서비스로 케이블 채널의 대명사가 되었다. 지상파방송 뉴스팀과 비교할 수 없을 만큼 빈약한 인력과 조직으로 출발한 CNN이 보여준 성과는 놀라움 그 자체였다.

CNN이 처음부터 주목을 받았던 건 아니다. 80년 첫 방송을 시작할 때만해도 온갖 설움을 받았다. 특히 지상파TV의 견제는 상상을 초월했다. 싸구려 방송이라는 의미로 '치킨 누들 네트워크Chicken Noodle Network'로 불렸다. 대부분 전문가는 딱딱한 뉴스에 질색인 시청자가 하루 종일 TV뉴스만 보겠느냐는 비아냥을 들었다.

대한민국의 케이블산업은 CNN와 같은 채널을 만들어 보자는 데서 출발했다. 방송의 전문성을 살리고 다양한 시청자 욕구를 채워 주자는 배경이었다. 이는 지상파TV 과점 구조로는 불가능했다. 고품질과 다채널은 시대 흐름상 당연한 요구였다. 방송 기술 흐름과 미디어 수비 패턴을 보더라도 예고된 상황이었다. 기존 미디어 산업 패러다임에 첫 자극제였던 케이블TV는 새로운 상품과 서비스로 시청자를 만났다. 케이블TV 등장하면서 다양하고 유익한 채널이 세상에 있다는 걸 알게 되었다. 종합편성 방송이 아닌 전문방송도 충분한 경쟁력이 있다는 걸 보여주었다. 미디어 변화의 물꼬를 튼 첫 주역이 바로 케이블TV였다.

케이블 산업에서 빼 놓을 수 없는 주인공이 바로 'CJ그룹'이다. 논란이 있지만 CJ의 과감한 투자와 콘텐츠 열정이 대한민국 유료방송 수준을 한 단계 올려놓았다. 플랫폼에서 콘텐츠까지 두루 포토폴리오를 갖추며 케이블TV 산업의 '만형'으로 자리를 잡았다.

CJ는 2000년 3월 양천방송을 인수하면서 플랫폼 사업에 첫 발을 내딛었다. 이어 경남방송과 마산방송을, 2002년에는 가야방송, 중

부산방송을 연이어 편입시켰다. 2002년 CJ케이블넷을 설립하고 공격적인 투자에 나섰다. 이듬해 1월 해운대기장방송, 2004년 4월 북인천방송을 차례로 흡수했다. 2006년 4월에는 CJ홈쇼핑이 유진그룹의 드림씨티방송(부천·김포, 은평)을 인수했다. 이를 기점으로 CJ케이블넷은 태광산업 계열에 이어 가입자 기준 2위 사업자로 올라섰다. 2008년 5월에는 사명을 CJ헬로비전으로 바꾼데 이어 꾸준한 인수합병으로 2012년에 증권거래소에 상장했다. 2013년 매출 1조 원을 돌파하면서 유료방송 시장을 뒤흔들었다.

CJ의 힘은 역시 '콘텐츠'다. 지상파에 버금가는 전문 콘텐츠 뒤에는 항상 CJ가 있었다. CJ는 97년 4월 Mnet을 인수하면서 PP로서 첫 발을 내디뎠다. 2002년 8월에 CJ미디어로 이름을 바꿨다. 2007년 3월에는 시청률 기준으로 PP 1위를 달성했다. 2010년 4월 CJ오쇼핑이 온미디어를 전격 인수하면서 지금과 같은 거대 플랫폼과 콘텐츠의 위상을 완성했다. 온미디어 4개 SO와 OCN과 온게임넷을 비롯한 전문 PP채널 모두 CJ로 편입됐다. CJ그룹은 CJ오쇼핑, CJ E&M, CJ 헬로비전 등 미디어 계열사 성장을 지원하면서 미디어 판도를 뒤흔들었다. 온미디어를 인수해 덩치를 키운 CJ는 2011년 3월 그룹 내 미디어 계열 5개 사를 인수합병하면서 CJ E&M으로 거듭 태어났다. 종합적인 미디어 부문 재편을 통해 글로벌 콘텐츠 기업으로 도약하기 위한 발판을 마련한 것이다.

케이블TV 한류 열풍의 주역 '케이콘'

2012년 10월로 기억한다. 주말을 반납하고 로스앤젤레스에 위치한 CJ E&M를 찾았다. 해외 출장으로 바쁜 일정이었지만 해외에서 국내 콘텐츠 기업의 활약상이 궁금했다. 지상파 프로그램에 맞먹는 제작 능력을 보여주는 CJ E&M을 알고 싶은 마음이 더 컸다. 이미 젊은 세대에게 CJ는 삼성에 맞먹는 위치에 올라와 있다. 취업준비생이 가장 입사하고 싶은 기업이다. 방송, 영화, 음식 등 우리 생활과 밀접한 문화 관련 사업이 많아 선호도가 높다. 특히 방송분야는 지상파 방송과 달리 도전적인 시도로 인기 몰이에 성공했다.

CJ E&M은 한류 열풍의 주역이었다. 2012년은 '케이콘K-CON'이 이제 막 열리는 시점이라 성패 여부가 궁금했다. '이미 세계에서 가장 인기 많은 팝의 고향인 미국에서 정말 우리 음악과 음식에 열광한다는 것이 사실일까' '케이팝 열풍은 그저 부풀려진 것이 아닐까' 하는 의구심이 더 컸다. 미국 캘리포니아주 어바인에 위치한 버라이존 와이어리스 엠피시어터에서 케이콘은 종일 일정으로 열렸다. 슈퍼스타는 없었지만, 1만여 명이 참석했다. 한국 음악을 접하고, 케이팝 춤을 배우며, 음식을 먹는 다각도에 걸친 진한 스킨십 전략은 성공적이었다. CJ 아메리카 관계자는 "첫 시도로 큰 무대는 아니었지만 미국인이 열광하는 모습에 뿌듯함을 느꼈다"고 밝혔다. CJ E&M 아메리카는 이미 다음 행사를 어떻게 키워서 성공시킬지에 대한 고민이 한창이었다.

케이콘은 케이팝 콘서트에 드라마, 영화와 같은 한국의 최신 콘텐츠와 패션, 뷰티, IT 등 다양한 국내 기업의 제품을 체험할 수 있는 컨벤션을 융합한 한류 페스티벌이다. '한류의 모든 것'을 주제로 한국의 관한 종합적인 경험을 제공한다. 문화 콘텐츠 기업 최초로 하버드 경영대학원의 연구사례CJ E&M: Creating a K-Culture in the U.S로 소개됐다. 당시 인터뷰했던 최준환 전 CJ E&M아메리카 대표는 우리나라 문화를 외국에 알리기에 더없이 좋은 행사라고 밝혔다. 최 대표는 "케이콘에 1만여 명이 참석했으며 그 중 70%는 외국인"이라고 말했다. 이어 "CJ E&M이 미국 현지에 있어 더 크게 성공할 수 있었다"며 "한국에서는 컨벤션이라고 하면 정적인 공간을 떠올리지만 미국인은 컨벤션을 활동적인 공간으로 여긴다"고 성공요인을 풀이했다.

비버리힐스에 위치한 비비고 음식점도 찾았다. 호화스러운 식당이 즐비한 거리에서 우리 전통 음식인 비빔밥을 파는 식당이 있다는 것이 신기했다. 파란 눈의 외국인이 맛있게 한식을 먹는 모습을 보면서 한류 열풍이 단발로 그치지 않을 것이라는 것을 실감했다. LA에 위치한 Mnet과 CJ게임즈를 둘러보면서 바쁘게 일하는 직원을 보니 한류 열풍의 미래가 밝아 보였다.

2016년 다시 찾은 미국 케이콘은 과거에 비해 위상이 더욱 높아졌다. 열기도 훨씬 더 뜨거웠다. 2016년 7월 로스엔젤레스LA 현장에는 한국 음식, 메이크업, 음악 등을 체험하기 위해 길게 늘어선 줄을 곳곳에서 볼 수 있었다. 2012년 소도시 어바인에서 열렸던 케이콘에 비해 규모가 훨씬 커졌다. 어느 부스에 가든지 줄을 서서 기다려야 했다. 한복, IT, 캐릭터 등 국내 문화를 알리는 분야도 더 많아졌다. 한복을 입고 좋아하는 외국인, 한국식 화장을 받고 만족하는 사람 등 다양한 체험을 하면서 만족하는 이가 많았다.

2016년 LA 케이콘 현장. 콘서트를 보기 위해 외국인들이 줄을 서서 기다리고 있다.

체험 공간 한쪽에서는 "나를 잊지 말아요" 검은 피부의 소녀가 우리나라 발라드를 열창하고 있었다. 어려운 단어도 부드럽게 술술 노래하는 모습을 보면서 입이 다물어지지 않았다. 한쪽에서는 아이돌 가수 '슈퍼주니어'의 노래에 맞춰 춤을 추는 미국 10대들이 보였다.

3일간 미국 LA 스테이플스 센터Staples Center에서 열린 '케이콘KCON

2016 LA'에는 총 7만 6,000여 명 관람객이 방문했다. 2013 LA 케이콘 당시 1만여 명에 불과했던 규모에 비하면 7배나 관객이 늘었다. 콘서트에 입장하기 위해 긴 줄을 서서 기다리는 외국인을 보면서 한류와 CJ E&M의 힘을 느낄 수 있었다. CJ E&M은 2017년에도 북미, 아시아를 포함, 신규 지역인 멕시코와 호주에서 한류 컨벤션 케이콘을 개최한다. 뷰티, 패션, 한식 등의 콘텐츠를 더욱 강화해, 종합적인 K라이프스타일 경험을 제공하는 플랫폼으로 정착시킨다는 목표를 세웠다.

매년 규모를 확장해온 케이콘은 지난 6년간 북미, 아시아, 중동, 유럽 등지에서 35만 명의 누적 관객수를 기록했으며, 북미 지역의 경우 관람객 68%가 15세~24세로 나타나 앞으로 한류 시장의 성장 잠재력이 크다는 분석이다. 실제로 2015년 미국 경제일간지 월스트리트저널은 "세계에서 한류만큼 성공한 대중문화를 찾기 힘들고, 그 중심에 케이콘이 있다"고 평가했다.

케이콘을 총괄하는 CJ E&M 신형관 음악콘텐츠부문장은 "한류는 케이팝, 드라마, 영화를 넘어서 우리의 식문화, 라이프스타일로 뻗어나가고 있다"며 "콘텐츠와 라이프스타일이 세계 문화를 선도하는 시대를 맞아 케이콘을 통해 K라이프스타일의 경쟁력을 키워 미래 성장동력으로 육성하는데 앞장설 것"이라고 밝혔다.

CJ의 '콘텐츠 한류 몰이'는 여기에 그치지 않는다. CJ E&M은 말레이시아, 베트남, 홍콩 등 동남아시아 지역에 한류 전용 TV채널을 개국했다. 현지에 있는 우리나라 교민을 위한 것이 아니라 현지인에게 한국 영화, 드라마, 예능 등 다양한 한류 콘텐츠를 지속적으로 알리기

케이콘의 역사

연도	개최국가/도시	시기	장소	콘서트	방문객 수	참여 기업 수	프로 그램 개수	참여 패널 수	엠카운트다운 참여 아티스트	컨벤션 참여 아티스트
2012	미국/어바인	10/13 (1일)	어바인 버라이존 앰피시어터	1회 (10/13)	1만명	58개	20개	72명	총10팀(EXO-M, 포미닛, 지나, B.A.P, 빅스 등)	-
2013	미국/LA	8/24~25(2일)	LA 메모리얼 스포츠 아레나	1회 (8/25)	2만명	85개	45개	87명	총11팀(GD, EXO, f(x), 헨리, Missy Elliott 등)	-
2014	미국/LA	8/9~10(2일)	LA 메모리얼 스포츠 아레나	2회 (8/9, 10)	4만3천명	131개	122개	125명	총10팀(GD, 아이유, 빅스, 틴탑, B1A4, 소녀시대 등)	이서진, 이승기, 에릭남
2015	일본/도쿄	4/22 (1일)	사이타마 슈퍼아레나	1회 (4/22)	1만5천명	64개	11개	41명	총14팀(GOT7, 니콜, 러블리즈, 마이네임 등)	연우진
	미국/LA, 뉴욕	LA: 7/31~8/2(3일) NY: 8/8(1일)	LA: LA컨벤션센터, 스테이플스 센터 NY: 프루덴셜센터	총 3회 (LA 8/1,2, NY 8/8)	총 7만 5천명 (LA 5만8천명, NY 1.7만명)	총 166개 (LA126, NY 40)	총 150개 (LA135, NY15)	총 227명 (LA203, NY24)	총13팀(LA: 슈퍼주니어, 씨스타, 신화, 레드벨벳, Zion.T & Crush/ NY: 소녀시대, 틴탑, VIXX, AOA 등)	김수현, 다니엘헤니, 손호준, 이기홍
2016	UAE/아부다비	3/25 (1일)	두 아레나	1회 (3/25)	8천명	6개	16개	7명	총7팀(방탄소년단, 태연, 규현, 더블에스301 등)	김지훈, 방탄소년단 등
	일본/도쿄	4/9~10(2일)	마쿠하리 멧세	2회 (4/9, 10)	3만3천명	100개	70개	60명	총17팀(위너, AOA, 니콜, 지코(블락비), 2PM, 전진, 블락비, 보이프렌즈, 트와이스 등)	최우식, CODE-V, JJCC 등
	프랑스/파리	6/2 (1일)	아코르 호텔 아레나	1회 (6/2)	1만3천 5백명	47개	10개	-	총6팀(방탄소년단, 블락비, 샤이니, FT아일랜드, f(x), I.O.I 등)	진구, 한지민
	미국/뉴욕	6/24~25(2일)	프루덴셜센터	2회 (6/24, 25)	4만2천명	53개	50개	90명	총9팀(다이나믹듀오, 비투비, 세븐틴, 에일리, 크러쉬, 마마무, 방탄소년단, 에릭 남 등)	임시완, 박보영, DAY6, 비투비
	미국/LA	7/29~31(3일)	LA컨벤션센터, 스테이플스 센터	2회 (7/30, 31)	7만6천명	201개	144개	130명	총14팀(블락비, I.O.I, 샤이니, 터보, BTS, 태티서, 트와이스 등)	이민호
2017	멕시코/멕시코시티	3/17~18(2일)	멕시코시티 아레나	2회 (3/17, 18)	3만3천명	18개	30개	20명	총8팀(방탄소년단, 에릭남, EXID, NCT127, 아스트로 등)	-

자료:CJ E&M

위해서다. 말레이시아에 한국영화 전문채널 'tvN 무비스tvN Movies'를, 베트남에 한류 종합 엔터테인먼트 채널 'TV 블루TV Blue'를, 홍콩 OTT 플랫폼에 'CJ 코리안 엔터테인먼트 팩'을 2016년 4월 선보였다. 싱가포르에서 개국한 세계 최초 해외전용 한국영화 전문채널 'tvN 무비스'의 서비스 국가를 확대해 말레이시아 최대 IPTV 사업자 HyppTV를 통해 다양한 장르의 한국영화를 선보인다.

무엇보다 현지인의 선호도, 성향에 따라 국가별로 맞춤형 편성으로 운영한다. 여러 인종과 민족으로 구성된 말레이시아 현지인 입맛에 맞춰 영어, 중국어(간체), 말레이어 등의 언어자막을 제공한다. 언제 어디서든 한국영화를 즐겨 볼 수 있는 환경을 만들기 위해 모바일 앱 'HyppTV Everywhere'에도 콘텐츠를 공급한다. 앞으로 한국영화 인지도가 낮은 필리핀, 인도네시아 등 동남아시아 전역으로 tvN 무비스 채널을 확대해 접근성을 높이고 작품성과 제작역량을 알리는 데 기여한다는 목표를 세웠다.

CJ E&M은 2016년 4월 베트남에 최초로 한류 종합 엔터테인먼트 채널 'TV 블루'를 개국했다. CJ E&M 콘텐츠와 베트남 현지법인에서 제작예정인 현지 특화 드라마, 예능 등의 자체제작 콘텐츠도 방영할 계획이다. TV 블루는 현지 케이블TV와 추가계약을 통해 커버리지를 확대해 총 900만 이상의 시청 가구 수를 확보할 예정이다. 홍콩에서는 홍콩 대표 민영 방송사 TVB의 인터넷동영상서비스OTT 플랫폼 'myTV SUPER'와 함께 한류 콘텐츠를 시청할 수 있는 'CJ Korean Entertainment Pack'을 새롭게 선보인다. 서현동 CJ E&M 글로벌사업담당 상무는 "한류가 가끔 등장하는 인기 콘텐츠에 의존하는 것이

CJ E&M 아시아 사업 현황

연도	월	지역(국가)	사업분야	세부 내용
2015	6	동남아시아 (홍콩)	해외전용 TV채널	〈tvN Asia〉 TV채널 개국 6주년(홍콩 현지법인 운영) 동남아시아 한류 대표채널로 9개국 약 650만 가구에 제공
	7	동남아시아 (홍콩)	(미디어 지사 설립	'CJ E&M HK' 설립(CJ E&M 지분율 100% 취득) 2009년FOX international과 합작법인 설립(CJ E&M 지분율 49%)
	10	동남아시아	(애니메이션) 블록 편성	클릭라이센싱아시아, 한국콘텐츠진흥원과 '투니버스 브랜디드 블록' 편성을 위한 MOU체결
2016	3	동남아시아 (태국)	(영화) 지사설립	'CJ Major Entertainment' 설립 1위 극장사업자 '메이저 시네플렉스 그룹'과 합작법인
	10	아시아 (일본)	해외전용 TV채널	〈엠넷재팬〉 TV채널 개국 10주년 일본 현지법인에서 운영하는 한류 음악&엔터테인먼트 채널
		동남아시아 (베트남)	(미디어) 지사 설립	'CJ Blue Corp' 설립 베트남 유력 콘텐츠 제작사 '블루 그룹' 인수
		동남아시아 (태국)	(미디어) 지사 설립	'True CJ Creations' 설립 태국 최대 종합미디어사업자 '트루비전스'와 합작법인
2017	1	동남아시아 (싱가포르)	해외전용 TV채널	〈tvN Movies〉 TV채널 런칭(홍콩 현지법인 운영) 스타허브와 세계 최초 해외전용 한국영화 전문채널 개국
	4	동남아시아 (말레이시아)	해외전용 TV채널	〈tvN Movies〉 TV채널 런칭(홍콩 현지법인 운영) 힙티비와 세계 최초 해외전용 한국영화 전문채널 개국
		동남아시아 (베트남)	해외전용 TV채널	〈TV Blue〉 TV채널 시범운영(베트남 현지법인 운영)
		동남아시아 (홍콩)	OTT플랫폼	홍콩 대표 OTT 플랫폼 '마이TV 수퍼' 내 〈CJ Korean Entertainment Pack〉 설치
	6	동남아시아 (베트남)	해외전용 TV채널	〈TV Blue〉 TV채널 정식런칭(베트남 현지법인 운영)

자료: CJ E&M

아니라 tvN 아시아, tvN 무비스, TV 블루 등 글로벌 한류 전용 채널을 통해 한류 유통 경로를 확장시키고 현지인들의 삶에 거부감 없이 일상적인 경험으로 축적될 수 있는 든든한 디딤돌 역할을 하고 싶다"고 밝혔다.

CJ E&M은 동남아시아 지역을 핵심 거점으로 2015년 홍콩CJ E&M HK, 2016년 베트남CJ Blue Corp, 태국True CJ Creations, CJ Major Entertainment에 현지법인을 설립했다.

Mnet 'MAMA'와 tvN '도깨비'신화

2016년 말 홍콩에서 열린 Mnet 아시안 뮤직 어워즈MAMA 무대. 가수 이적이 '걱정 말아요 그대' 노래를 부르자 조그만 원형 무대는 갑자기 광활한 우주로 변한다. 시청자에게 별똥별이 떨어지는 고요한 우주에 이적이 서 있는 것처럼 보이지만, 실제 무대에는 별 하나 보이지 않는다. 증강현실AR기술이 접목된 결과다.

CJ E&M은 MAMA에 국내 최초로 생방송 무대에 AR기술을 선보였다. AR는 실제 환경에 가상 사물이나 정보를 합성해 원래 환경에 존재하는 사물처럼 보이도록 하는 그래픽 기법이다. 10여 분 무대를 위해 1년간 준비했다. 한국, 스페인, 홍콩 IT기업으로 구성된 AR 컨소시엄도 만들었다. 공연을 앞두고 수개월 전부터 CJ E&M은 일산 스튜디오에 AR 베이스캠프를 설치하고 수차례 시연을 거쳤다. CJ E&M 관계자는 "국내 최초 생방송 음악무대에 AR기술을 적용하는 시도로 심혈을 기울였다"고 설명했다.

가수가 원하는 무대 콘셉트를 설명하면 테크앤 아트 본부에서 시연 가능성을 판단했다. 홍콩기업인 DPS가 입체 정보를 촬영해 컴퓨터에 똑같은 3D 공간을 만들었다. 3D 입체정보에 닷밀이 제작한 3D 콘텐츠를 적용했다. 유원은 3D 콘텐츠를 실제 촬영하는 카메라 영상과 결합했다. 스페인 브레인스톰은 기술 자문을 했다.

MAMA에는 AR뿐만 아니라 다양한 IT가 적용됐다. 테마파크 어트랙션 기술을 도입한 3D 무빙스테이지, 360도 홀로그램, 디지털 비雨가 내리는 무한 디지털 공간 등을 선보였다. CJ E&M은 지속적으로 음악에 IT를 접목했다. 2015년 MAMA에서는 생방송 최초로 드론 군집 비행과 로봇암 기술을 무대에 적용했다. 홀로그램, 가상현실VR 기술도 적용했다. 마드릭스 LED 바를 이용한 기술Madrix LED Bar이 쓰인 무대. 무한의 디지털 공간에 디지털 비가 내리는 설치미술 작품과 기술을 접목했다. 이홍원 CJ E&M 테크 앤드 아트 본부장은 "1년 전부터 준비한 AR 기술을 2016 MAMA를 통해 첫 선을 보이게 됐다"며 "국내 IT기업과 지속적으로 협력해 신기술을 음악에 접목해 기존 무대 예술을 한계를 뛰어넘어 시청자에게 새로운 시각적 경험을 제공할 것"이라고 말했다.

엠넷 아시안 뮤직 어워즈MAMA 이후 IT중소기업을 향한 해외 러브콜이 이어졌다. 2015년과 2016년 MAMA에 참가한 홀로티브글로벌, 닷밀, 네온테크는 MAMA 이후 해외 기업과 계약이 증가했다. 가수 '비와이' 무대에 참여한 홀로그램 제작사 홀로티브글로벌은 중국과 싱가포르에 진출했다. 중국 베이징 예술거리에 홀로그램 무대를 구축했고, 2015년 말 광저우 국제등광제에서도 돔 공연장을 구축해 공연 콘텐츠를 제작했다. 이와는 별도로 싱가포르 최초 상설 홀로그램 씨어터 'K-live 센토사'를 운영하고 있다. 싱가포르, 마카오 소재 기업과 홀로그램 계약도 추진하고 있다. 김정우 홀로티브글로벌 실장은 "MAMA 공연 이후에 많은 해외 성과를 냈다"고 말했다. 매출도 200% 급증했다.

2년 연속 MAMA에 참가한 닷밀도 해외 기업과 다수 계약에 성공했다. 닷밀은 가수 이적의 '걱정 말아요 그대' 무대에 국내 라이브쇼 최초로 증강현실을 도입했다. 중국 광저우 국제등광제에서 닷밀은 홀로티브글로벌과 함께 지역설화 '천월전기'를 제작했고, 이 프로그램은 관객이 뽑은 등광제 프로그램 1위로 선정됐다. 2015년 8월 미국 뉴욕에서 개최된 삼성전자 갤럭시 신제품 언팩 행사 프리오프닝 영상도 기획·제작했다. 현재도 카자흐스탄, 중국 기업 등과 계약을 타진하고 있다.

2015년 MAMA 무대에서 생방송 최초로 드론 군집비행을 선보인 네온테크는 중국, 일본 기업과 계약했다. 2017년 중국 청두 테마파크에서 열리는 공연에 참여한다. 지난해 말에는 일본 기업과 군집 비행 시스템 기술을 이용한 공연 콘텐츠를 공동으로 개발했다.

이들의 성공 요인은 모두 5분가량 짧은 생방송 무대에서 기술을 집약적으로 보여주었기 때문이다. 또한 공연 준비 과정이 기술을 보완할 수 있는 계기로 작용했다는 분석이다.

MAMA는 99년 대한민국 첫 뮤직비디오 시상식인 '엠넷 영상 음악 대상'으로 시작했다. 2010년 마카오, 2011년 싱가포르, 2012년에서 2014년까지 홍콩으로 이어져 아시아 음악 축제로 정착했다. MAMA

는 세계 10여 개국 생방송을 비롯해 세계 어디서나 온라인과 모바일로 시청이 가능하다.

MAMA의 역사

1999년 〈Mnet Music Video Awards〉	한국 최초 뮤직비디오 시상식 개최
2006년 〈Mnet KM Music Festival(MKMF)〉	뮤직비디오 시상식에서 한국 대중 음악계를 총 결산하는 음악 축제로 확대 개최한 첫 해
2008년 〈Mnet KM Music Festival(MKMF)〉	한중일 3개국 동시 생방송
2009년 〈Mnet Asian Music Awards(MAMA)〉	국내뿐만 아니라 아시아를 대표하는 글로벌 시상식으로 발돋움, 아시아 주요 10개국 생중계
2010년 〈Mnet Asian Music Awards(MAMA)〉	2009년 국내에서의 첫 MAMA가 성공적으로 개최된 후 본격적인 아시아투어 시작 – 마카오 개최, 아시아 13개국 생방송
2011년 〈Mnet Asian Music Awards(MAMA)〉	싱가포르 개최, 아시아 13개국 생방송 및 온라인 생중계
2012년 〈Mnet Asian Music Awards(MAMA)〉	홍콩 HKCEC개최, 전세계 16개국 생방송
2013년 〈Mnet Asian Music Awards(MAMA)〉	홍콩 AWE개최, 전세계 15개국 생방송
2014년 〈Mnet Asian Music Awards(MAMA)〉	홍콩 AWE개최, 전세계 16개국 생방송, 전세계 어디서나 온라인과 모바일을 통해 시청가능

자료:CJ E&M

해외에서 뿐 아니라 국내에서도 케이블TV 위력은 상상을 초월한다. 지상파에 밀려 'B급' 수준이라고 불렸던 콘텐츠 위상이 날로 높아지고 있다. 이미 지상파TV를 넘어섰다는 평가까지 나오고 있다. tvN '도깨비'는 케이블 드라마 역사를 새로 썼다. 도깨비 마지막 회는 케이블, 위성, IPTV를 통합한 유료플랫폼 가구 시청률 기준 평균

20.5%, 최고 22.1%로 자체 최고 기록을 달성했다. 물론 tvN 역대 드라마 사상 가장 높은 기록을 차지했다. 95년 케이블TV가 시작된 지 22년 케이블 역사상 가장 높은 시청률이다. 2006년 tvN 개국 이래 11년 만에 거둔 성과이기도 하다.

1%만 넘어도 성공했다는 케이블 꿈의 수치였던 10%가 깨진 건 2013년 '응답하라 1994' 11화(10.6%)였다. '응답하라 1988'은 마지막회 시청률 19.6%을 기록했지만 20% 고지는 넘지 못했다. 지상파 TV 시청률도 넘어섰다. 시청률 조사기관 티엔엠에스 측은 "도깨비 최종회는 남녀 20~40대 시청률이 평균 17.2%를 기록했고, 10대부터 40대까지 각 연령층에서 이날 방송한 지상파와 종편을 통틀어 모든 프로그램에서 시청률 순위 1위를 차지했다"고 밝혔다.

주문형 비디오VOD 매출도 지상파를 뛰어 넘어, 역대 드라마 최고 기록을 세웠다. 케이블TV·IPTV 업계에 따르면 2015년 12월부터 2016년 2월까지 도깨비 VOD 매출은 140억여 원으로 집계됐다. 역대 케이블은 물론, 지상파까지 통틀어 VOD 매출 최고 기록이다. 이전까지 VOD 최고 기록은 지난해 방송된 KBS 2TV '태양의 후예'와 tvN '응답하라 1988'이 세웠으나, '도깨비'가 넘어섰다. '응답하라 1988'은 회당 3억 원 이상의 매출을 올리며 20부 전체 VOD 매출이 70억 원에 달했다. '태양의 후예' VOD 매출도 비슷한 수준으로 알려졌다.

'도깨비' 이외에도 tvN 프로그램은 승승장구 중이다. '윤식당' '삼시세끼' '신혼일기' 등 많은 이가 즐겨보는 프로그램이 늘어났다. CJ E&M 측은 일희일비하지 않는 지속적인 투자가 오늘을 만들었다고

tvN 도깨비 포스터

말한다. 이덕재 tvN 미디어콘텐츠부문 대표는 "CJ E&M 최고 경영진이 20년 전부터 장기 비전을 갖고 지속적인 투자를 유치해왔다"고 밝혔다. 이 대표는 "과거 아무도 투자하지 않았던 불모지 문화산업에 비전을 두고 지속적으로 투자해 상상했던 것들을 맘껏 펼칠 수 있었다"며 "당장 수입으로 돌아오지 않더라도 꾸준한 투자가 있었기에 결과적으로 결실을 만들어 낼 수 있었다고 생각 한다"고 강조했다.

CJ E&M은 콘텐츠 투자를 더욱 늘릴 계획이다. 2017년 방송 제작비로 4,500억 원을 투자한다. 지상파 방송3사 평균 제작비보다 1,000억 원이 넘는 금액이다. 대대적인 투자로 국내 방송시장을 주도할 전략이다. 2015년 지상파 방송사 제작비는 KBS 3,135억 원, MBC 3,449억 원, SBS 3,278억 원이다.

tvN은 해외 진출에도 앞장선다. 세계 최초 해외전용 한국영화 전문채널 tvN 무비스를 통해 싱가포르에서 한국영화를 연간 200여 편 선보이고 있다. 동남아시아 9개국 약 650만 가구에 송출 중인 한류 대표 채널 tvN 아시아를 통해서도 아시아 시청자를 위한 다양한 자체 제작 프로그램을 방영한다. Mnet은 '고등래퍼' '너의 목소리가 보여' '프로듀스101 시즌' '쇼미더머니6' 등 음악 예능 프로그램을 방영한다. Mnet의 디지털 채널 'M2'를 통해 새로운 시도가 돋보이는 음악 콘텐츠도 소개한다.

OCN에서는 역대 최대 규모의 제작비를 투자한다. '보이스', '터널', '듀얼' 등 자체 제작 콘텐츠 6편을 선보인다. 채널CGV에서는 2039 세대를 타깃으로 한 소셜 무비 매거진도 론칭한다. '올리브TV' '온스타일' 'XTM' 채널에서는 성별, 연령, 상황에 따라 타깃별 맞춤 프로그램을 제작한다. 다중 채널 네트워크MCN사업인 다이아 티비는 1,100팀의 파트너 크리에이터 수를 2,000팀까지 늘릴 계획이다. 이성학 CJ E&M 미디어솔루션부문장은 "방송과 디지털을 아우르는 통합마케팅, 데이터 기반의 신뢰도 높은 캠페인을 진행하고 동남아·북미·유럽 등 글로벌 마케팅을 확대해 나갈 것"이라며 "고객 행복을 추구하면서 새로운 시장을 개척, 미디어·광고 시장 발전에 보탬이 될 것"이라고 말했다.

05 특명! 콘텐츠 생태계

콘텐츠, 가치 사슬의 최전방 주자로 우뚝

방송 프로그램 제공 사업자PP는 미디어산업 가치 사슬의 핵심 요소이다. 양질의 콘텐츠를 지속적으로 공급하지 않으면 방송서비스나 OTT, 인터넷 미디어 성장도 이루어질 수 없다. 미디어 산업 가치사슬의 최전방에 위치하며 산업 성장은 물론 해외 진출을 통해 국민의 삶의 질을 향상시키는 데 기여하고 있다. PP는 편성 유형별로 특정 분야의 전문화된 평가를 행사는 전문 PP, 지상파와 유사한 종합 편성(종편) PP, 상품 판매방송 위주의 홈쇼핑 PP로 구분할 수 있다.

PP는 크게 4단계를 거쳐 오늘에 이르렀다. 먼저 도입기다. 케이블TV가 개국한 95년부터 2000년까지 시기다. 케이블TV 출범과 함께 허가제 기반으로 PP가 도입되었으나, 도입 직후 97년 경제 위기로 인해 PP가 제대로 시장에 안착하지 못했다. 초기에는 PP 의무송출 제도를 적용했다가 98년부터 프로그램을 선택해 제공하는 티어링 제도로 전환했다. 97년 말부터 시작된 경제위기로 경영상황이 극도로 악화되면서 일부 PP의 폐업과 사업 축소가 일어났다. 경제위기 외에도 SO와 RORelay Operator의 저가 경쟁에 의해 PP가 정당한 수신료를 배분받지 못하여 경영상황은 더욱 악화됐다.

이어 성장기로 진입한다. 2000년 이후 2009년까지 시기로 위기 상황에 처한 PP 산업을 활성화하기 위해 허가제가 등록제로 개선되었고 경기가 회복되면서 성장하기 시작했다. 2001년 규제 완화 차원으로 등록제가 도입하면서 다수의 PP가 신규 진입했으나 SO의 송출 채널 한계로 인해 PP의 채널 진입이 어려워지고 PP 협상력도 크게 약화된다. 양적 성장은 이루어졌으나, SO의 초저가 요금과 PP의 협상력 약화로 인해 정당한 수신료가 배분되지 않는 관행이 고착화 했다.

2010년을 넘어서면서 PP는 점차 '경쟁과 산업의 고도화'의 시기로 돌입한다. 대략 2010년부터 2014년까지다. 인수합병을 통해 대형 PPMPP가 크게 성장하고 종편PP의 도입으로 시장 경쟁이 심화되고 PP사이에도 양극화가 일어났다. 일부 대형 MPP의 투자 성과가 가시적으로 나타나고 2009년 종편PP 4사가 도입되면서 방송콘텐츠 시장의 경쟁이 본격화했다. 지상파와 차별화한 콘텐츠를 제작 공급하면서 유료방송 콘텐츠의 인지도와 선호도가 증가한 것이다. 그러나 여력이 없는 중소PP들은 여전히 지상파 재방 또는 해외 구매물 중심으로 콘텐츠를 제공하는 악순환에서 빠져나오지 못했다.

빠르게 성장하던 PP산업이 2015년을 기점으로 성장세가 둔화되면서 정체기에 진입했다. 저성장 경제 체제 진입과 방송광고 시장 침체, 유료방송 플랫폼 서비스의 저가 요금 고착화 등으로 인해 전체 유료방송 성장이 정체되었다. PP 산업의 전체 매출 성장세가 둔화되면서 양극화가 더욱 심해지는 추세다.

그렇다 하더라도 지난 기간 동안 보여준 성장은 눈부셨다. 2005년 PP산업 매출 구조는 6조 2,224억 원으로 전체 방송 시장에서 차지하는 비중이 40%를 넘어서며 방송 산업의 성장을 견인해 왔다. 광고 매출도 2015년 기준 1조 3,520억 원으로 전년대비 10.3% 성장하고 점유율 역시 2013년 36.4%에서 2015년 38.9%로 지속 성장 추세다. 채널도 95년 28개에서 2010년 244개로 정점을 찍었다가 인수합병 바람이 불면서 2015년 현재 178개로 안정화했다. 공공, 종교, 보도, 정보, 영화, 드라마, 다큐멘터리, 애니메이션, 역사, 과학 등 다양한 방송 채널로 지상파 방송이 제공하지 못하는 콘텐츠 욕구를 실현했다. 전통적인 영화, 드라마, 연예오락예술, 스포츠 채널 외에도 육아, 직업, 소상공인, 장애인 등이 새로 만들어지면서 취약 계층을 위한 사회복지 채널도 등장했다. 2012년 이후 지상파TV와 PP간 시청률과 점유율 '골든크로스'가 발생해 콘텐츠 경쟁을 촉진함은 물론 이용자의 콘텐츠 선택권을 확대하는데도 크게 기여했다.

콘텐츠 주도 생태계 구축 시급

20년 PP역사를 돌아볼 때 콘텐츠가 갖는 가치에 비해 기업의 경쟁력은 부족하다는 평가다. 이는 주로 양적 성장에 치중했기 때문이라는 분석이다. 양적 성장 지원정책으로 PP 규모는 크게 증가했으나 실질적인 경쟁력 확보는 미흡했다. 사업규모는 양극화가 심해졌으며 시장은 파편화했다. 사업자들이 영세화하면서 경쟁력을 확보하거나 적극적인 투자에 나설 수 없는 상황에 직면했다. 2015년말 기준으로 종사자 기준 100인 미만 PP는 전체 178개 중 146개로 82%에 달하며 평균 자본금은 213억 원이지만 대형PP와 종편을 제외한 일반 PP의 평균 자본금은 40여 억 원에 불과하다. 대형 플랫폼 사업자나 인터넷 포털 등에 비해 협상력이나 규모가 열위에 있어 수익 배분이나 콘텐츠 거래할 때 불합리한 상황이 발생하고 있다.

상황이 이렇다보니 양질의 콘텐츠를 확보하려는 내부 노력에도 한계가 드러나고 있다. 자체 콘텐츠를 기획 제작하기보다는 지상파 방송이나 해외 콘텐츠 구매유통을 통한 수익 창출에 비중을 두는 경향이 뚜렷하다. 2015년 기준 PP의 전체 프로그램 제작비는 8,751억 원이었는데 이중 지상파 계열, 종편 PP와 CJ계열을 제외한 제작비는 2,645억 원에 그쳤다. 영세성으로 인해 대규모 투자에 한계가 있어 제작 확대가 어려운 실정이다. 자발적인 혁신 노력도 부족해 새로운 포맷의 콘텐츠나 유통 사업 모델도 나오지 않고 있다. 일부 인터넷 공간에서 1인 방송, MCN과 같은 새로운 유형의 콘텐츠와 사업 모델이 나오고는 있지만 극소수에 불과하다. 기존 광고와 수신료 배분 수익에만 집중해 새로운 서비스나 사업 개발도 미흡한 상태다. 반면에 해외에서는 HBO Now처럼 IP기반의 OTT사업에 투자하거나 O2O와 커머스 시장으로의 다각화를 추진하는 등 훨씬 적극적으로 사업 발굴에 나서고 있다.

2015년 PP의 방송 프로그램 제작비 현황

	자체제작	공동제작	순수외주	특수관계사 외주	합계
PP 총계	577,328,047	4,987,390	262,171,678	30,633,511	875,120,626
지상파계열	99,499,397	439,934	22,871,807	0	122,811,138
종편계열	114,867,378	648,298	122,936,558	29,577,202	268,029,436
CJ계열	143,421,422	1,033,717	75,365,151	0	219,820,290

콘텐츠 산업 활성화를 위해서는 무엇보다 자생적인 선순환 구조를 구축하는 데 집중해야 한다. 자체 경쟁력을 높여 산업을 확대하고 수익성을 개선해야 한다. 늘어난 수익은 다시 재투자, 콘텐츠 경쟁력 제고라는 선순환 구조를 확립해야 할 시점이다. 상대적으로 규모나 영향력이 열위에 있지만 PP가 전체 생태계에서 공존할 수 있어야 미디어 산업이 선순환 구조를 가질 수 있다.

PP를 둘러싼 거버넌스 체계도 다시 정비해야 한다. 콘텐츠 관련 정책기능은 뿔뿔이 흩어져 있다. 유료방송 콘텐츠와 인터넷 콘텐츠는 미래창조과학부에, 지상파 방송 콘텐츠는 방송통신위원회에, 외주제작과 애니메이션 등은 문화체육관광부로 나눠져 있다. 정책 기능이 통합되지 못하고 여러 부처로 파편화하면서 미디어 환경 변화에 적절하게 대응하지 못하는 실정이다.

4차 산업혁명 시대에 대비해 PP를 통한 새로운 성장 동력 확보도 고민해야 할 단계다. 4차 산업혁명의 본질은 산업간 협력과 수평적 분업화다. 기존에는 산업내 경쟁과 산업간 수직적 계열 구조로 협력이 힘들었다. 하지만 지금은 협력이 매우 중요하다. 가령 IT, 콘텐츠,

인공지능, 자동차산업이 만나 자율주행자동차 산업을 만들거나 IT, 건설, 인공지능을 통해 스마트 시티를, IT, 백색가전, 콘텐츠, 인공지능으로 스마트 홈과 같은 전혀 다른 성장 모델을 만드는 식의 과정이 보편화할 것이다.

콘텐츠는 협업 생태계에서 IT와 함께 가장 중요한 역할을 할 것이며 인간의 생활양식을 결정하는 중요한 요인으로 작용할 전망이다. 무엇보다 산업간 협력과 융합, 물적 노동의 축소 등으로 대표되는 4차 산업혁명 시대에 대비하기 위해서는 인간의 창의력에 기반을 둔 혁신이 우선적으로 갖춰져야 한다.

실제로 콘텐츠 업계에도 다양한 혁신이 이뤄지고 있다. 콘텐츠 포맷과 관련해서는 '슈퍼스타K' '응답하라 시리즈' '72초 드라마' 'Lost(VR 영화)' '1인 방송' 등이 시도되고 있다. 비즈니스 모델에서도 유튜브 레드, MCN, 아프리카TV의 별풍선, 디즈니 또는 다음카카오의 캐릭터 비즈니스처럼 이전에 생각하지 못한 모델이 나오는 추세다. 콘텐츠 이용과 경험도 마찬가지다. 포켓몬 고, UHD 멀티앵글, VR파크 등은 비록 실험적이지만 좋은 반응을 얻어냈다.

PP산업은 전체 미디어 생태계 내에서 중요한 요소임과 동시에 PP 내에서도 생태계적 속성으로 구성되어 있다. 공존과 상생을 위해서는 PP-플랫폼, 제작자-PP 간의 협력적이고 상생적 관계를 가지는 것이 필수다. 미래의 사회적 공존가치 제고를 위해서는 방송 산업 내에서도 PP가 '을'이 아니라 공존과 협력의 대상이 될 수 있는 정책과 사회적 분위기 조성해야 한다.

3부. 케이블 빅 픽처

01 1인 방송 'MCN'

별 풍선의 주인공 '인터넷 스타'

10대가 가장 만나보고 싶은 주인공은? 유명 연예인, 틀린 말은 아니다. 내심 더 열광하는 인물은 따로 있다. 바로 인터넷 스타다. 10대나 20대는 TV보다는 모바일을 통해 취향에 맞는 온라인 동영상을 찾아보는 경우가 많기 때문이다. '대도서관' '씬님' '캐리 언니' 기성세대에게는 생소하지만 젊은 층에게는 '크리에이터Creator'로 불리는 1인 진행자를 만나기 위해 기꺼이 꼭두새벽부터 100미터가 넘는 긴 사인회 줄을 마다하지 않는다.

우리 뿐 아니라 미국도 마찬가지다. 미국 10대는 유튜브 스타를 기존 미디어 스타보다 훨씬 친밀감 있게 대한다. 미국 연예잡지 버라이어티 조사결과 미국 10대(13~17세)에게 인기 있는 인물 상위 10위 중 8명이 유튜브 스타였다. TV를 보면서 자란 30대 이상이 보면 당황스러운 현상이다.

크리에이터를 관리하는 전문 소속사도 있다. 전문 콘텐츠를 유통하고 저작권을 관리하며 광고를 유치한다. 연예인 매니저 역할을 떠올리면 이해가 쉽다. 제작사 역할도 겸한다. 인터넷 플랫폼에 콘텐츠를 제작해 공급하는 기능도 빼놓을 수 없다. 광고 유치뿐 아니라 유통할 수 있는 다양한 채널을 개척해 준다. YG나 JYP와 같은 국내 간판 연예 기획사와 비교해 아직 규모와 위상은 작지만 콘텐츠 업계에서는 무시 못 할 존재다. 바로 '다중 채널 네트워크MCN: Multi Channel Network'가 주인공이다.

MCN이라는 용어는 2014년 유튜브 직원었던 제드 시몬스가 사용하며 일상적 단어로 굳어진 것으로 전해진다. 1인 미디어, 즉 크리에이터 등장으로 관련 시장이 각광을 받자 그들을 하나로 모아 체계적인 관리를 위한 기획사를 만든 것이 출발점이다. 초기 MCN은 유튜브를 중심으로 하는 VOD 형태가 대세였다. 녹화된 영상을 바탕으로 네티즌이 몰리며 자연스럽게 미디어가 만들어졌다.

MCN 역사는 국내보다 외국이 길다. 2009년 설립된 메이커스튜디오는 2006년 유튜브를 통해 시작된 MCN이며, 2012년에는 배우 출신의 브라이언 로빈스가 '어썸니스TV'를 설립했다. 이들은 1인 크리에이터를 중심으로 콘텐츠를 제작하며 두터운 팬 층을 확보했다. 외국에서 유튜브 중심의 VOD 방식이 1인 크리에이터의 탄생과 MCN 태동을 알렸다면, 국내에서는 아프리카TV였다. 실시간 방송이 기본이어서 따지고 보면 시대를 앞서간 셈이다. 모바일 동영상 플랫폼을 표방하는 아프리카TV는 BJ와 별을 매개로 수익사업 구현에 성공해 MCN 업계에서도 큰 역할을 담당하고 있다.

크리에이터와 MCN은 어떻게 수익을 낼까. 크리에이터는 동영상으로 돈을 번다. 유튜브의 경우 구독자가 동영상 앞뒤에 나오는 광고를 '건너뛰기(스킵)'하지 않고 끝까지 시청하면 회당 국내 기준으로 0.5~1원씩 광고료를 콘텐츠 제작자에게 배분한다. 영상을 본 횟수가 100만 건이 넘는다면 100만 원을 버는 셈이다. 앞에서 MCN은 기획사에 가깝다는 이야기를 했다. MCN은 영상제작 외에 광고협찬, 관리 등 부수적인 것들까지 맡아서 진행해 준다. 대신에 전체 수익에서 10~30% 정도를 가져간다. 상위권의 스타 크리에이터가 MCN의 도움을 받아 대략 연간 10억 원 이상의 수익을 올린다. 산술적으로 보면 적은 수익이 아니다. 현실은 물론 좀 다르다. 수억 원을 버는 크리에이터는 있지만, MCN 사업자 중 큰 수익을 내는 곳은 많지 않다.

MCN은 아직 실험 중이지만 미디어 시장에서는 대안 미디어로 낙점을 받았다. 전파진흥협회에 따르면 '1인 미디어'를 이끄는 MCN산업은 세계적으로 1,650억 달러 규모의 인수합병과 투자가 이뤄졌다. 해외에서는 주로 미디어 스타트업의 형태로 사업을 시작한 후, 글로벌 미디어 그룹의 투자나 인수를 통해 사업 규모를 키우는 중이다. 2014년 디즈니가 2만 6,000여 개의 채널을 가지고 월 2,000만 명의 구독자를 확보하고 있는 '메이커 스튜디오'를 5억 달러에 인수했다. '어썸니스TV'는 드림웍스가 3,300만 달러에, 이동통신사업자 AT&T는 2억 달러에 '풀스크린'을 인수했다. 최근에는 지상파, 인터넷 기업도 잇따라 사업에 뛰어들고 있다.

국내 MCN산업은 아직 통계조차 없을 정도로 초기 시장이다. 이미 100곳이 넘었고, 크리에이터는 1만 명이 넘을 정도로 관심이 높다고 예측할 뿐이다. 2012년부터 CJ E&M과 아프리카TV가 불을 댕겼으며 다이아TV, 아프리카TV, 트레져헌터, 캐리소프트, 샌드박스, 비디오빌리지 등이 꽤 이름이 알려진 업체다. 'MCN 열풍'과 맞물려 투자를 받은 회사는 많으나 독자 비즈니스 모델을 수립해 수익을 올리는 곳은 극소수다. 아직도 뚜렷한 비즈니스 모델이 없기 때문이다.

다이아TV와 캐리소프트

가장 공격적으로 MCN사업을 펼치는 곳은 'CJ E&M'이다. 모바일, 웹으로만 보던 1인 방송을 TV에서도 볼 수 있도록 했다. 2017년 1월 1일 아시아 최초로 1인 창작자(크리에이터) 방송으로 구성된 MCN 전문 방송채널 '다이아TVDIA TV'를 개국했다. 다이아TV는 24시간 크리에이터 영상을 방영한다. 사용자는 다이아 TV앱을 내려 받은 뒤 TV를 보면서 댓글을 올릴 수 있다. 심의를 거친 댓글이 화면에 노출된다. CJ E&M 관계자는 "다이아TV 채널은 생방송과 녹화방송으로 구성되며, 모바일과 똑같이 시청자가 댓글을 통해 실시간으로 크리에이터와 소통할 수 있다"고 설명했다.

전용 채널 개국을 통해 모바일 기기와 PC로만 시청한 1인 방송을 TV영역으로 확대해 아시아 최대 MCN 사업자로 위상을 높일 계획이다. 기존 MCN을 넘어 '멀티플랫폼 네트워크MPN'도 준비하고 있다. 1인 창작자에게 마케팅, 저작권 관리, 국내 및 글로벌 시장 콘텐츠 유통, 전용 스튜디오 제공 등을 지원한다. 해외 진출도 적극 나선다. 1,200팀의 파트너 크리에이터 수를 2017년까지 2,000팀으로 2배 늘린다. 글로벌 시장에 콘텐츠를 공급하는 창작자 비중도 전체의 30%까지 확대한다. 다이아TV 개국 이후 커머스를 연계해 크리에이터 수익 확대를 지원함으로서 MCN 생태계 조성에 일조할 계획이다. 크리에이터라는 새로운 직업을 양산하고, PD 등 방송지원 인력도 별도로 선발해 청년일자리 창출에도 기여할 방침이다.

소자본으로 시작했지만 제일 먼저 순익을 낸 MCN은 '캐리소프트'다. 창립 초기인 2014년 월 매출은 5만 원에 불과했다. 2016년 총 매출은 51억 원으로 껑충 뛰었다. 캐리소프트는 '캐리' '캐빈' '엘리'라는 1인 진행자가 어린이와 놀아주는 영상 콘텐츠를 제작하는 기업이다. 이례적으로 성공가도를 달리고 있다. '키즈'라는 확실한 콘텐츠, 초고화질UHD 영상 제작, 저작권 등을 경쟁력으로 삼아 성공모델로 자리 잡았다.

캐리소프트는 오직 어린이를 대상으로 1인 영상물을 만든다. 모바일·태블릿 등 새로운 미디어에 접근하는 연령이 낮아지는 점에 주목했다. 권원숙 대표는 "아이들이 집안에서 노는 경우가 많고 스마트폰과 태블릿을 사용하는 연령이 낮아져 키즈 콘텐츠에 주력했다"고 설명했다. 이어 "이미 미국에서도 키즈 콘텐츠 분야 MCN이 인기를 끌고 있다"고 밝혔다.

초고화질UHD 영상으로 제작한 점도 주효 했다. 덕분에 모바일뿐 아니라 전통 미디어인 방송으로도 영역을 넓힐 수 있었다. UHD급 영상으로 제작하거나, HD화질을 업스케일해 UHD 수준으로 만들었다. 캐리소프트는 IPTV와 케이블TV 등 유료방송 사업자의 주문형 비디오로도 볼 수 있다. 저작권이 크리에이터가 아닌 캐리소프트에 있는 점도 다른 MCN과의 차별점이다. MCN은 크리에이터 의존도가 높기 때문에 보통 인기 크리에이터가 떠나면 사업 자체가 흔들리기 쉽다. 캐리소프트는 '캐리' 등 크리에이터의 저작권을 직접 갖고 있다. 1대 캐리 언니가 캐리소프트를 떠나고, 2대 캐리 언니가 등장했다. 안정적인 수익 구조를 갖고 있는 셈이다.

– Tip –

MCN 제작 이렇게 이뤄진다

공대 출신 뷰티 크리에이터(1인 방송 진행자) 쏭냥과 함께 홍대 다이아TV 스튜디오에서 1인 방송을 직접 진행했다. IT업계 여직원은 잘 꾸미지 못한다는 편견을 없애기 위한 'IT업계 신입사원 메이크업'이 주제다. 쏭냥은 동영상 1일 평균 조회 수가 8,000회에 달하는 인기 크리에이터다. 민낯인 기자 얼굴에 쏭냥이 메이크업을 완성하면 끝이 난다. 신입기자가 '얼굴색에 맞는 립스틱 색깔' '볼터치 잘 하는 법' 등 화장법에 대해 물으면 쏭냥이 편하게 대답해 준다. 컴퓨터공학과 출신인 만큼 IT업계 여직원이 화장에 크게 투자하지 않는다는 것을 알고 간편한 화장법을 가르쳐줬다. 방송 중간 중간 농담을 하면서 둘은 웃기도 하고 화장과 상관없는 잡담도 했다.

메이크업이 진행될수록 기자 이미지가 바뀌기 시작했다. 기자는 쏭냥에게 어떤 화장품을 사용했는지 물어보면서 "꼭 저 제품을 사야겠어요"라고 말했다. 크리에이터는 바로 이런 시청자 덕분에 돈을 번다. 크리에이터 주수입은 유튜브 광고와 기업제품 홍보다. 인기 뷰티 크리에이터의 경우 협찬 받은 제품을 사용하면 그 제품 매출이 올라갈 가능성이 크다.

"정말 끝났나요?" 화장을 시작한 지 1시간이 흘러 메이크업이 완성됐다. 방송은 이것으로 끝이었다. 1인 방송은 TV프로그램과 달리 친구끼리 일상의 소소한 이야기를 녹화한 것에 가까웠다. 기승전결이 있는 연출된 장면을 기대한 것과는 거리가 있었다. 그냥 친구끼리 이야기하는 것에 가까웠다. 물론 메이크업이 완성된 기자 외모는 평소보다 훨씬 예뻐졌다.

이렇게 간단하게 영상을 찍어 올리기만 하면 되는 크리에이터 직업이 부러워보였다. 인기 크리에이터는 한 달에 수십 억대 돈을 벌기도 한다. 그는 "다들 크리에이터가 돈도 많이 벌고 시간이 많을 것으로 생각하지만 정말 시간이 없어요"라고 말했다. 촬영은 하는 일 중 일부에 지나지 않는다고 설명했다. 촬영된 영상에 자막, 배경음악을 입히는 편집과정이 시간이 많이 걸린다고 덧붙였다. 그는 "이렇게 찍은 영상을 보기 좋게 편집하고 블로그에 글도 올리면 일주일 내내 쉬는 날 없이 일해야 한다"고 설명했다. 매일 블로그에 화장품 리뷰 등 뷰티 관련 글을 2번 이상 올린다. 영상은 일주일에 2~3편을 찍는다.

쏭냥이 영상과 글을 계속 올리는 것은 그만큼 크리에이터 업계 경쟁이 치열해졌기 때문이다. 다이아TV 크리에이터만 1,200팀이다. 촬영 후 점심을 함께 하자고 하니 그는 화장품 홍보 파티에 가야 돼 점심을 먹을 수가 없다고 말했다. 그는 "아까 말씀드렸듯이 크리에이터란 직업이 정말 시간이 많은 게 아니라니깐요"라고 웃으며 뛰어갔다.

– Tip –

1인 방송현장을 가다

'기성 미디어인 TV에서 1인 방송을 소화할 수 있을까'라는 궁금증이 들었다. 1인 방송을 어떻게 TV프로그램으로 변신시키는지 호기심이 생겼다. 직접 궁금증을 해결하고자 다이아TV 제작 현장을 방문했다. 다이아TV 뷰티 프로그램 '신비한 화장품 사전'의 리허설 현장. 생방송 전 1시간가량 진행됐다.

상암동 CJ E&M 스튜디오는 리허설 준비로 분주했다. 크리에이터 '회사원A'가 색조 화장품을 손목 안쪽부터 바르면서 색깔을 보여줬다. TV 화면을 모니터링하던 PD가 색깔이 더 잘 나오기 위해서는 손목 바깥쪽부터 바르는 것이 어떻겠냐고 제안했다. 회사원 A는 이에 맞춰 다시 진행했다. 양송철 다이아TV PD는 "모바일로 소비됐던 1인 방송은 상세하게 신경을 쓰지 않았지만, TV채널은 화질을 비롯해 모바일과 특성이 다르기 때문에 고려해야 될 부분이 많다"고 말했다. 1시간가량 리허설 동안 대본에 없던 내용도 추가됐다. 크리에이터와 제작진이 의견을 교환하면서 생긴 결과물이다.

방송의 중심은 크리에이터다. PD와 작가가 의견을 제안해도 최종 결정은 크리에이터 몫이다. 다이아TV 제작진은 크리에이터를 도와줄 뿐 1인 방송 특성을 살리기 위해 지나친 개입은 하지 않는다고 강조했다. 큐시트와 대본도 기존 TV프로그램과 비교하면 훨씬 간단하다. 크리에이터 자율성을 위해서다. 다이아TV는 유명 연예인을 출연시키지 않는 등 크리에이터가 중심인 원칙을 고수한다. 기존 TV 방송과 차별화를 위해서다. 다음 개편에서는 제작진 개입을 줄여 더욱 크리에이터 중심 방송을 만들 계획이다.

다이아TV가 채널 성과는 어떨까. 다이아TV는 TV, 모바일 등으로 플랫폼을 확대하는 전략이 성공적이라고 밝혔다. 다이아TV 관계자는 "다이아TV 생방송일 때 모바일, TV 플랫폼을 합쳐 동시 시청자가 10만 명에서 30만 명가량 된다"고 말했다. 그러면서 모바일 성공을 TV로 확대하기 위해 다양한 방식을 계속 시도할 것이라고 밝혔다.

다이아TV 뷰티 프로그램 '신비한 화장품 사전'의 리허설 현장.
생방송 전 1시간가량 리허설이 진행됐다.

스트리밍이 대세 '모바일TV'

02

스트리밍 서비스과 스마트폰, 초고속 성장의 주역

영상을 즐기는 대표 스크린은 TV와 극장이다. 덕분에 TV보급률은 99%에 달했고 어느 도시에나 손쉽게 볼 수 있을 정도로 영화관도 늘어났다. 극장과 TV는 대표 미디어 소비 채널이지만 콘텐츠를 즐기기 위해서 찾아가는 수고와 프로그램 시간에 맞춰 대기하는 불편함을 감수해야 했다. 동영상 스트리밍 서비스와 스마트폰이라는 더욱 강력해진 성능을 지원하는 휴대폰이 등장하면서 세상이 달라졌다. 영화나 SF소설 속에나 등장했던 손 안의 TV '모바일TV'가 우리 생활의 일부가 되었다.

출발은 2005년 '디지털 멀티미디어방송'이라고 불리는 DMB의 출연이었다. 수도권과 일부 지역에 제한적이었지만 스마트폰으로 실시간 방송을 내보냈다. 이동 중에도 콘텐츠를 즐기면서 영상 시청의 불편함이었던 공간 제약이 해소되었다. 모바일 미디어 시청 형태가 생기면서 이동형 미디어를 통해 영상을 시청하는 수요도 같이 늘었다. DMB 서비스는 모바일 영상 시청 경험을 제공하며 인기를 얻었지만 단방향 방송만 가능하다는 한계가 있었다. 시간의 제약 없이 원하는 콘텐츠를 언제, 어디서든 시청할 수 있는 환경은 등장하지 않았다.

초고속 인터넷이 확산되고 동영상 스트리밍 서비스가 활성화하면서 케이블방송과 IPTV는 주문형 비디오와 실시간 채널을 같이 이용할 수 있는 미디어 시청 환경을 제공하기 시작한다. 가정 내 TV에 셋톱박스를 연결해 인터넷으로 스트리밍되어 들어오는 IP신호를 바로 영상으로 변환해 시청하는 방식으로 실시간 채널을 포함해 다양한 장르의 콘텐츠를 즉시 볼 수 있게 되었다. 스트리밍 방식으로 영상을 제공하는 온라인 동영상 서비스는 여기에 그치지 않았다. 판도라TV, 아프리카TV와 같은 짧은 UCC영상이나 자사 콘텐츠를 제공하는 미디어가 늘어났다.

지금과 같은 풀HD와 같은 화질을 제공하면서 새로운 방송 서비스의 가능성을 보여 준 건 2009년부터 보급되기 시작한 스마트폰이었다. 스마트폰으로 이동 환경에서도 IPTV 수준의 미디어 시청 환경이 가능했고 무선 네트워크 환경에서는 언제든 모바일 미디어 플랫폼으로 영상을 내보낼 수 있게 되었다.

모바일TV의 방송과 영화 콘텐츠는 PP와 CP(영화와 외화시리즈 등 콘텐츠 공급자)를 통해 모바일TV 플랫폼으로 유통된다. 모바일TV 비즈니스 모델은 크게 콘텐츠 매출을 기반으로 하는 수익 모델과 콘텐츠 이외 수익을 통한 모델로 나뉜다. 주된 수익 모델인 콘텐츠 서비스 기반 수익은 월정액 상품과 유료VOD 서비스와 콘텐츠 패키지 등에서 발생한다. 콘텐츠 서비스 외에도 커머스, 광고, 앱to앱 제휴 수익 등 모바일TV 사업 영역을 확대하고 있다. 유료VOD는 콘텐츠 제공자가 값을 매길 수 있어 가치를 높일 수 있을 뿐 아니라 판매 금액에 따른 수익배분Revenue share을 기대할 수 있어 인기가 높다. 사업자 입장에서는 가입자 기반의 기본 월정액 서비스 외에도 추가 수익이 가능하다.

모바일TV는 가입자와 콘텐츠 차별화 경쟁을 통해 기반을 닦았고 고품질 경쟁으로 인지도를 높였으며 지금은 수익성 개선과 점차 개방형 서비스로 전환하는 추세다. 2010년 11월 CJ헬로비전 티빙 출시 이후 온라인 사업자와 통신사는 모바일 스크린을 겨냥한 서비스를 선보였다. SK플래닛의 호핀부터 통신사가 제공하는 KT 올레TV모바일, LG유플러스 HDTV, SK텔레콤의 Btv모바일, 지상파 방송사업자 연합의 푹pooq까지 다양한 동영상 서비스가 등장했다.

2011년 7월 SKT와 LG에서 동시에 출시했던 LTE망은 2012년 1월 KT에서도 전국망을 확대해 본격적인 모바일TV경쟁 구도가 갖춰졌다. 티빙과 푹 등 OTT 사업자 중심으로 1,000만 이상으로 시장이 성장했고 이는 시청자 미디어 이용 패턴에 변화를 주었다. TV 이용시간이 감소하고 2030세대를 중심으로 PC와 모바일을 동시에 이용해 콘텐츠를 시청하는 패턴이 대중화함으로써 시간과 공간의 제약 없이 미디어를 시청하는 패턴이 확산되었다.

2013년에는 가입자가 폭발적으로 증가했다. 각 사업자는 자사 모바일 판매와 LTE데이터 이용 촉진을 위해 모바일TV를 부가서비스로 '오프라인 푸시' 마케팅을 시작했고 이에 따라 100만 가입자를 유치했다. SK Btv모바일은 코리안 메이저리거 류현진, 추신수의 독점 중계권을 차별화로 내세웠고 두 선수는 뛰어난 성적을 올리면서 콘텐츠 독점 효과를 누렸다. KT의 올레tv 모바일은 김연아 선수의 갈라쇼 독점, 지상열의 열개소문, 무빙툰 등 자체 콘텐츠 제작과 인기 미드 등의 독점 수급으로 차별화하기도 했다.

고사양 스마트폰의 연이은 출시와 LTE 데이터 무제한 요금제 보급에 따라 모바일TV는 보다 더 좋은 품질의 영상을 제공하기 위한 경쟁에 돌입했다. 2014년 5월 LG전자 G#를 시작으로 풀 HD(1,920×1,080)보다 2배 높은 QHD해상도(2,560×1,440)를 지원하는 스마트폰이 출시되면서 모바일도 고품질, 멀티스크린을 중심으로 동영상 콘텐츠 소비로 전환되었다. 자연스럽게 실시간 채널과 VOD화질이 풀HD수준으로 올라갔다. Btv모바일은 실시간 채널을 모두 풀HD로 전환하고 UHD(3,820×2,160)을 지원하는 스마트폰 단말이 보급되기 전에 미리 UHD 전용 콘텐츠 전송과 특집관을 오픈했다.

디스플레이 기술 발달에 따라 오디오 또한 고품질로 즐기려는 사용자가 늘면서 이어폰으로도 극장처럼 생생한 음질을 즐길 수 있도록 음질 향상과 음향 설정을 확대했다. 장르에 맞게 사운드를 설정해 시청할 수 있도록 이퀄라이저와 거리감 설정이 가능해졌고 사운드바 수준의 음질과 현장감을 제공하는 5.1채널 입체 음향을 지원함에 따라 영상 대사를 보다 명료하게 들을 수 있는 환경이 마련되었다. 음질 향상에 가장 적극적인 움직임을 보인 올레tv모바일은 독일 프라운호퍼의 싱고Cingo 음향기술과 HE-AAC(오디오부호화) 멀티채널 오디오 코덱 기술을 사용해 영화 콘텐츠 중심으로 5.1채널 사운드를 제공하기 시작했다.

모바일TV는 2015년에 접어들면서 수익성 개선과 자사 중심의 폐쇄적 서비스에서 개방형 서비스로 전환 중이다. 모바일TV 유료 가입자는 2015년 500만 명을 넘어섰다. 하지만 통신사 주력 상품과 결합해 '록 인Lock in' 용도로 가입한 경우가 많아 스마트폰과 태블릿PC로 동영상을 시청하는 고객이 계속 늘어나는 것에 비해 수익성은 크게 개선되지 않았다. 평균적으로 모바일TV 서비스 이용자의 25.7% 정도가 유료로 월정액 상품에 가입하거나 VOD를 구매하는 것으로 나타났다.

2014년에 데이터 무제한 요금제를 중심으로 이용을 확대했다면 2015년에는 영상서비스 전용 데이터를 추가 제공하는 방향으로 전환하고 있다. 자사 고객 위주의 폐쇄적 서비스 위주였던 모바일TV는 경쟁사 고객에게도 문호를 열어 이용 제약을 줄이고 유료 콘텐츠 판매로 매출 확대를 도모하고 있다. 이미 이용 중인 통신사와 관계없이 서비스 이용이 가능한 u+hdtv 외에 Btv 모바일은 SK플래닛의 n스크린 서비스 호핀과 통합을 발표하며 중복 발생하는 콘텐츠 수급비용을 줄이고 분산된 가입자를 통합하기 시작했다.

가입자당 평균 매출을 높이기 위한 방안으로 독점 콘텐츠 확보에도 적극적으로 나서고 있다. LG는 미국 케이블TV 시청률 1위 채널인 HBO와 손잡고 왕좌의 게임, 뉴스룸 등 인기 미드 시리즈 콘텐츠를 모바일TV로 최초로 선보였다.

2016년 6월 KT에서는 모바일TV와 LTE 전용 데이터 3GB를 제공하는 올레tv now 팩을 출시해 고객으로 하여금 모바일 미디어 이용에 따른 요금 폭탄 걱정을 덜어 주고 더 많은 미디어 콘텐츠 이용을 촉진해 다른 서비스와 차별화했다. 이어 7~8월에 개최된 2012런던 올림픽은 모바일 판권을 바탕으로 공식 중계된 최초의 올림픽으로 자리 잡았다. 모바일 스포츠 판권에 대한 인식이 만들어졌고 세계적인 스포츠 이벤트 모바일 판권 경쟁이 나타났다.

NVOD에서 숏클립 콘텐츠까지

통신망 속도가 빨라지면서 이동 미디어로서 모바일TV 가치가 높아지고 있다. 데이터 전송 속도가 3G의 20~30배에 달하는 광대역 LTE-A는 모바일 플랫폼으로 IPTV의 고화질 콘텐츠를 실시간으로 전송하는 것이 가능해졌다. 모바일TV 시장의 급격한 성장을 위한 환경이 조성된 것이다. 네트워크 속도가 빨라지고 스마트폰 성능이 좋아지면서 이동 환경에서 시청이 편리해질 전망이다. 시스코가 조사한 글로벌 모바일 데이터 트래픽 전망(2014년~2019년)에 따르면 모바일 동영상 트래픽은 해마다 35%이상 증가하고 2018년에는 현재의 11배 수준으로 많아질 것으로 예측된다. 트래픽 증가는 대중의 영상 시청 형태가 이동 미디어로 계속 집중되고 있음을 보여 준다. 네트워크와 모바일 기기 발달이 앞으로 모바일TV 성장을 가속화할 것으로 보인다.

시간과 공간 제약에서 자유로운 동영상 시청이 가능해지면서 모바일TV는 '퍼스널 미디어' 특징을 보인다. 모바일 앱 푸시를 통해 연관된 콘텐츠를 추천하는 기능이 등장했고 맞춤형 영화 콘텐츠를 제공할 수 있도록 이용자가 선호하는 영화를 별점 형태로 수집하는 영화DB 서비스도 인기가 높다. 대중들이 개인화되면서 모바일 기기를 통한 개인 미디어 시청 소비 형태가 자리 잡아 가고 있다. 모바일TV는 지상파 방송을 포함해 실시간 채널부터 최신 영화, TV 다시보기 VOD까지 현재 유통되고 있는 다양한 형태의 영상 콘텐츠를 제공한다. 영상 콘텐츠와 커머스 결합으로 방송 중 쇼핑할 수 있는 양방향 서비스도 지원한다. 차세대 융합 미디어로서 가능성도 높은 셈이다.

새로운 장르의 콘텐츠도 제공한다. 인기 있는 VOD를 묶어 채널로 만든 'NVODNear'와 이동형 시청 환경에 적합한 숏 클립short clip 영상, 넷플릭스의 자체 제작 콘텐츠 등이 대표적이다. NVOD는 특정 프로그램을 여러 채널로 복수로 제공해 시청자가 원하는 시간에 시청할 수 있게 만든 채널이지만 국내에선 같은 장르 프로그램을 연결해 연속 편성하는 채널을 지칭한다. 장르는 드라마, 예능, 스포츠, 음악 등 다양하며 플랫폼 사업자가 콘텐츠 판권까지 보유한 경우에 더 효과적으로 구성할 수 있다.

CJ헬로비전은 티빙에 NVOD 채널 서비스를 제공 중이다. '삼시세끼' '예능TV' '꽃보다 할배' '코미디 빅리그' 등 자사 콘텐츠를 중심으로 장르별 채널을 편성했다. SK브로드밴드의 Btv 모바일은 MLB 채널, B키즈 채널 등을 NVOD 구성으로 서비스하며 특히 음악만으로 구성된 오디오 채널을 통해 모바일TV 사용자에게 스마트폰에서 다른 활동을 하면서 음악을 재생해 들을 수 있는 경험을 제공한다.

두 번째 모바일TV 특화 콘텐츠는 짤막한 영상 위주의 숏 클립 콘텐츠다. 인기 동영상 등을 묶어 제공하는 숏 클립 콘텐츠는 온라인 인기 영상 검색을 통해 흩어져 있던 콘텐츠를 묶어 주는 것과 같은 효과를 갖는다. 모바일TV는 인기 영상을 큐레이션해 제공하기 시작했는데 즉시성이 강조되는 이동형 미디어 특성상 짧은 시간에 가볍게 볼 수 있는 콘텐츠로 환영받고 있다. KT 올레TV모바일에서는 '1분 하이라이트'를 통해 최신TV프로그램의 하이라이트를 모아서 제공하는 '올펀존'을 통해 화제의 영상을 제공한다. LG 유플러스 HDTV의 대박영상도 화제 영상을 모아 놓은 예다.

세 번째 콘텐츠는 플랫폼 사업자가 콘텐츠 제작에 직접 참여한 자체 제작 콘텐츠다. 이는 시청자들이 모바일TV에서 많이 찾는 장르적 특성에 기반을 두고 만들어지는 것이 많은데 주로 성인 콘텐츠가 제작된다. 모바일TV가 온 가족이 같이 시청하는 미디어가 아닌 개인 공간에서 혼자 시청할 수 있는 특성을 갖기 때문이다. 대중이 모바일TV에서 많이 찾는 인기 VOD에는 성인 콘텐츠가 많고 실제로 순위 상위권에는 항상 성인 콘텐츠가 자리한다. 이에 착안해 모바일TV 특화 콘텐츠로 제작된 성인 토크쇼도 있다.

이 외에도 모바일TV 사업자는 다른 사업자 혹은 제조사와 콘텐츠 제휴를 통해 차별화를 계속 시도하고 있다. KT 올레tv모바일은 연예 정보 매체 디스패치와 제휴해 독점 연예 정보를 제공하고 제조사인 삼성전자의 가상현실 기기 기어VR과 합작해 가상현실 콘텐츠를 발굴하는 등 콘텐츠 경쟁력을 이어 가고 있다. 통신3사 모바일 IPTV는 2011년 처음 서비스를 시작한 이래 지상파 채널을 포함해 실시간 채널 60~80여 개와 VOD 5만~7만여 편을 갖추고 있어 명실상부한 콘텐츠 저장소 역할을 하고 있다.

모바일TV 시장은 2014년 8월 기준 500만 명을 돌파했다. 본격적인 모바일TV 유료 상용화가 시작된 2011년 말 이후 2년 9개월만이다. 이는 모바일과 IPTV 성장 덕분이다. 2014년 10월 기준으로 우리나라 전체 스마트폰 사용자는 4,012만 명, 태블릿 PC가입자는 60만 명으로 총 4,072만 명이 스마트 단말 가입자에 달한다. 이는 산술적으로 스마트폰 태블릿PC 가입자의 13%가량이 모바일TV 서비스에 가입했음을 보여 준다. LTE가입자는 3,943만 명으로 모바일 TV 가입자의 대부분이 LTE 가입임을 감안한다면 LTE 가입자 중 6명 중 1명꼴로 모바일TV에 가입했다는 것을 알 수 있다. IPTV 시장은 어떤가. 500만 모바일 TV 가입자를 달성한 2014년 8월 기준으로 IPTV 전체 가입자는 1,094만 명으로 집계되었다. 산술적으로 IPTV 가입자 중 절반은 모바일TV에 가입했다는 것을 보여준다.

성장 속도도 가입자 증가 속도가 가장 빠르다는 IPTV 보다 빠르다. IPTV는 2008년 등장한 이후 7년 만에 1,000만 가입자를 달성했지만 모바일TV는 2년 9개월 만에 500만 가입자에 성공했다.

– Tip –

새로운 손 안의 미디어

모바일TV가 스마트 기기 보급이 확산되면서 새로운 방송 미디어로 관심이 높다. 무선 인터넷망, 이동통신망 또는 별도의 모바일 망을 통해 모바일 기기에서 실시간 방송 프로그램을 포함한 음성, 데이터 등 다양한 방송 콘텐츠를 제공하는 서비스로 정의할 수 있다. 쉽게 말해 시공간의 불편함 없이 이동하면서 볼 수 있는 미디어를 말하며 넓은 의미로 모바일 기기에서 시청할 수 있는 TV방송 서비스다. 사업자 관점에서는 모바일TV가 온라인 동영상 서비스OTT의 한 범주이며 이전에는 DMB로 인식되어 왔던 모바일 플랫폼까지 아우른다.

이동성을 지원하고 지상파 채널을 제공하는 DMB, 이미 개봉한 지 한참 지난 콘텐츠 시청이 가능한 케이블과 IPTV, 다양한 요금 상품과 n스크린 시청 환경을 지원하는 OTT, OTT보다 모바일 환경에 맞는 비즈니스 모델을 총체적인 콘텐츠를 제공하는 모바일IPTV까지 다양하다.

UCC와 같은 짧은 영상 콘텐츠를 제공한 판도라TV, 무료 채널 위주의 에브리온TV, 방송과 시청이 동시에 가능한 아프리카TV 등이 대표적인 사업자다. 유료 모바일TV 사업자와 서비스로는 CJ E&M '티빙'과 지상파방송사 연합서비스 '푹' 등을 꼽을 수 있다. 통신사에서 판매하는 유무선 상품과 요금 결합 할인 등을 통해 단기간에 가입자를 확보했으며 이미 600만을 넘어섰다.

03 게임 체인저 'OTT'

OTT 돌풍의 주역, 넷플릭스

유료방송 고객이라면 꼭 설치해야 하는 셋톱박스가 필요 없는 OTT 시장이 예사롭지 않다. OTT는 언제 어디서나 스마트 기기를 이용해 동영상 콘텐츠를 시청할 수 있다. 영화와 TV 프로그램 같은 영상 콘텐츠를 마음껏 볼 수 있는 온라인 동영상 스트리밍 서비스다. 미국에서 OTT는 엄청난 돌풍을 일으켰다. 가입자가 늘면서 케이블 TV 가입을 해지하는 '코드 커팅Code cutting' 현상까지 일어났다. 가격 경쟁력 덕분이다. 미국은 케이블방송을 시청하려면 매달 약 100달러 정도 비용을 지불해야 한다. 반면에 대표적인 OTT 사업자인 넷플릭스의 경우 7.99달러에 서비스되면서 돌풍을 일으켰다.

OTT 행렬 선두에 있는 사업자는 넷플릭스다. 넷플릭스는 가입과 동시에 인터넷이 연결된 거의 모든 플랫폼에서 동영상을 볼 수 있다. 윈도우 PC와 매킨토시, X박스360, 플레이스테이션3, 닌텐도 위, 애플TV, 아이패드, 아이폰, 구글TV 등 다양한 시청 환경을 지원한다. 97년 비디오와 DVD를 우편·택배로 배달하는 서비스로 출발한 넷플릭스는 2007년부터 인터넷 스트리밍 서비스를 시작했다. 온라인 서비스를 시작한 지 10년 만에 유료 가입자만 5,700만 명에 달해 명실상부한 글로벌 간판 스트리밍 서비스 업체로 자리 잡았다. 가입자 5,700만 중 1,800만 명이 해외 구독자이며 세계 200여 국가로 서비스 영역을 확장할 계획이다.

검색 업체로 잘 알려진 구글도 OTT 사업자다. 최대 동영상 사이트 '유튜브'를 가지고 있다. '동영상=유튜브'라는 공식을 만들어냈으며 월 방문자 수만 10억 명을 자랑한다. 에릭슨 컨슈머랩이 2014년 미국에서 VOD 서비스를 이용하는 소비자 비율을 조사한 결과에서도 제일 많이 쓰는 서비스는 유튜브였다. '유튜브 키즈'처럼 특정 시청자를 겨냥한 서비스도 내놓았다. '구글TV' '넥서스Q' 등 OTT 단말기도 있다. 시장에 가장 깊숙이 침투한 단말기는 '크롬캐스트'다. 크롬캐스트는 한 손에 쏙 들어가는 크기의 스틱형 동글이다. TV나 모니터 HDMI와 USB 단자에 꽂고 모바일 기기로 조작하며 유튜브를 포함한 스트리밍 서비스를 볼 수 있다. 2013년 7월 미국에서 처음 출시됐으며 2014년에만 1,000만대를 팔아 치웠다.

'훌루'는 2008년 미국 미디어 제국인 뉴스코퍼레이션과 NBC유니버셜이 합작해 만든 회사다. 구글이 유튜브의 독주를 막기 위해 만들어진 만큼, 처음부터 다른 전략을 썼다. 사용자 제작 콘텐츠UCC가 중심이 되는 유튜브와 달리, NBC나 폭스 같은 방송사 뿐 아니라 유니버셜이나 소니픽처스, 워너 같은 영화사와 적극적으로 손잡았다. 저작권 문제가 없는 양질의 콘텐츠를 제공했다. 거대 미디어 기업을 모기업으로 둔 덕분에 회사는 가파르게 성장했다. 사업 초반인 2008년 8월 전체 스트리밍 시장에서 8위에서 2009년 3월 2위로 훌쩍 뛰어 올랐다. 무료인 대신 광고를 봐야 하는 '훌루'와, HD 화질과 최신 콘텐츠를 제공하는 대신 월 7.99달러에 쓰는'훌루플러스'를 서비스한다.

콘텐츠 사업자도 OTT에 눈독을 들이고 있다. 미국 대표 케이블TV HBO가 대표적이다. 2011년 'HBO고'를 공개했다. 케이블 가입자가 모바일 응용프로그램(앱)이나 웹 등 TV가 아닌 다른 화면으로 콘텐츠를 보는 N스크린 방식의 스트리밍 서비스다. 문제는 케이블 가입을 꼭 해야 서비스를 이용할 수 있다는 점이었는데 이 때문에 넷플릭스와 힘겨운 경쟁이 불가피했다. 위기의식을 느낀 HBO는 HBO고에서 한발 더 나아갔다. HBO는 2015년 4월, 케이블과 별도로 운영되는 독자적인 스트리밍 서비스 'HBO나우'를 선보였다. HBO나우는 한 달에 15달러만 내면 HBO 콘텐츠를 즐길 수 있는 서비스다. 첫 파트너 플랫폼도 공개했다. 바로 애플TV다.

위성TV 사업자도 움직인다. 미국 디시네트워크는 2014년 2월 미국에서 인터넷 스트리밍 서비스 '슬링TV'를 선보였다. 기존 시장 사업자가 운영하는 만큼 ESPN과 TNT, CNN, 디즈니, 카툰네트워크, AMC와 BBC아메리카, BBC월드뉴스, 선댄스TV 등 화려한 채널 라인업을 자랑한다. 슬링TV는 월정액을 내면 맘껏 TV를 볼 수 있는 모델이다. 한 달 기본 패키지 이용료는 20달러로, 여기에 채널을 더할 때마다 5달러씩 더 받는다.

국내에도 OTT 사업자는 여럿 있다. 2010년 6월 CJ 헬로비전이 내놓은 스트리밍 서비스 '티빙', KBS·EBS·MBC·SBS 등 지상파 방송사가 모여 만든 N스크린 서비스 플랫폼 '푹' 등이 주요 사례다. 대부분 PC와 모바일 기기 중심의 과도기 상황이다. 구글 크롬캐스트처럼 TV나 모니터에 꽂아 쓰는 단말기도 나왔다. 현대HCN과 판도라TV가 손잡고 만든 '에브리온네이버TV'나 CJ 헬로비전의 '스틱'도 빼 놓을 수 없는 OTT서비스다.

국내 OTT 시장은 아직 정중동이다. 하지만 미래 가능성을 보여주는 투자 부문은 활황이다. 확실한 수익 모델이 나오지 않았지만 국내에서도 시장이 열린다는 확신을 가지고 있다는 방증이다. 무엇보다 5세대 통신(5G) 등 망고도화로 IP기반 방송 서비스가 활성화될 수 있는 기반이 만들어져 모바일 미디어 이용률은 증가 추세로 돌아섰다. 활성화에 가장 큰 영향을 미치는 비실시간 시청 행태도 늘어나고 있다. 유료 방송사의 2015년 VOD 매출액은 6,380억 원으로, 전년대비 12.4% 증가했다. VOD시장은 2012년 2,986억 원, 2013년 4,331억 원, 2014년 5,674억 원 등 매년 두 자리대의 성장률을 기록 중이다. 이처럼 콘텐츠를 몰아보는 시청자가 늘고 있다는 것은 성장 가능성을 보여준다. 기존 방송 시장에서 큰 수익을 기대하기 어려운 점도 호재다. 방송광고 시장 정체로 방송시장 전반이 침체되면서 더 이상 유료방송 지불의사가 높아질 가능성도 높지 않은 것이다. 새로운 먹거리인 OTT로 눈을 돌릴 수밖에 없는 상황이다.

OTT '자체 콘텐츠 투자에 전념'

해외는 OTT열풍이지만 아직 국내 시장은 무덤덤하다. 미국처럼 두각을 보이는 사업자도 보이지 않는다. 일부에서는 한국은 'OTT 무덤'이라는 비아냥까지 나온다. 무엇보다 터무니없는 가격 때문이다. 유료방송 가입비용이 외국에 비해 지나치게 낮다. 아주 싼 비용으로 방송 콘텐츠를 즐길 수 있는 대한민국의 특수한 환경이 미래 서비스라는 OTT의 발목을 잡고 있는 것이다. 얼마나 쌀까. 국내 유료방송 요금은 미국의 10분의 1에 불과하다. 디지털케이블TV, 위성방송 서비스 가격은 월 5,000~10,000원 정도다. 국내 케이블TV 아날로그 서비스는 월 5,000원 안팎의 가격으로 서비스된다. 통신사업자가 제공하는 인터넷TVIPTV는 전화나 인터넷 서비스와 결합해 할인된 가격으로 이용할 수 있다. 기존 유료방송 가입자가 월 1만 원이 안 되는 가격에 지상파, 케이블 등 다양한 방송을 접할 수 있다.

여기에 유료 콘텐츠 지불 의사는 여전히 낮다. 방송통신위원회가 2016년 말 공개한 '방송 매체 이용행태 조사' 보고서에 따르면 27.1%가 최근 1주일 내 OTT서비스를 이용했다고 응답했다. 이는 2015년(14%)보다 두 배 가까이 증가했다. 스마트 기기(97.3%)를 활용해 OTT 서비스를 이용하는 경우가 압도적이었다. 유료 콘텐츠 구매 매출 비중은 낮았다. OTT 업계 전체 매출의 54.4%가 광고 매출(2,657억 원)로 가장 큰 비중을 차지한다. 월정액 매출(776억 원)이나 유료 콘텐츠 구매 매출(499억 원)은 각각 15.8%, 10.2%를 기록해 상대적으로 유료 콘텐츠 구매 비용이 낮았다. 이 때문에 단기적으로 OTT는 국내 유료방송 보완재 역할에 머무를 것으로 보인다. 국내 유료방송 가격이 해외에 비해 저렴하기 때문에 당장은 코드커팅이 일어나기 어렵다는 분석이다.

우선은 서비스 인지도를 높이기 위해 무료 서비스에 사활을 걸고 있다. 이미 많은 사업자가 무료서비스 전략으로 가입자 확대에 나섰다. 일단 덩치를 키운 뒤 메이저 사업자로 발돋움하겠다는 전략이다. CJ E&M은 2017년 1월 CJ계열 실시간 채널 전면 무료화를 선언했다. 티빙 고객은 누구나 tvN, Mnet, 온스타일, OGN, 투니버스 등 티빙에서 제공하는 약 160개 채널의 실시간 방송을 HD급 고화질로 무료 시청할 수 있다. 전략은 통했다. 인기 프로그램이 많은 tvN 등 CJ계열 채널을 보기 위해 가입자가 대폭 늘었다. 티빙 실시간TV 무료화 이후 순방문자수UV 177% 증가, 1월 앱 다운로드 108만 건, 신규 회원 수 월 40만 명 돌파, 애플 앱스토어 인기순위 1위(1월 23일 기준)를 기록했다. 그동안 티빙 앱이 전체 앱스토어 인기순위에서 1위를 기록한 것은 처음이다. 신규 회원 가입자 수도 최고치를 기록했다. 1월 40만 명을 기록하며 기존 티빙 최고 수치를 67% 이상 뛰어넘었다.

CJ헬로비전은 실시간 채널 무료 카드를 꺼냈다. 최근 OTT 제품인 '스틱(구 티빙스틱)'을 출시했다. 5만 9,900원인 스틱만 사면 CJ계열 등 200여개 실시간 채널을 무료로 시청할 수 있다. 딜라이브도 무료 콘텐츠를 대폭 늘렸다. OTT기기 딜라이브 플러스를 통해 영화, 영어, 엔터테인먼트, MCN, 가상현실VR 등 다양한 장르의 무료 콘텐츠를 매달 제공한다. 현대HCN 에브리온TV도 로그인 없이 무료로 콘텐츠를 제공 중이다. LG유플러스의 U+비디오포털은 무료 콘텐츠를 데이터 소비 없이 이용할 수 있는 '데이터도 무료관'을 선보였다.

콘텐츠 투자도 늘리고 있다. 글로벌 OTT 사업자인 넷플릭스와 아마존 사례를 벤치마킹하고 있는 것이다. 두 회사는 자체 콘텐츠로 톡톡한 재미를 봤다. 넷플릭스는 2015년부터 자체 콘텐츠를 크게 늘리면서 가입자 순증 효과를 얻었다. 2016년 4분기에만 가입자 705만 명을 유치했다. 예상했던 520만 명을 넘는 수치로 분기 사상 최대 가입자 증가율을 기록했다. 특히 미국 등 가입자가 많이 포진한 주요 4개국 이외에서 신규 가입자를 크게 늘렸다. 넷플릭스 내부에서도 성장 배경을 오리지널 콘텐츠로 분석했다. 2017년에도 콘텐츠 자체 제작에 60억 달러를 투자한다. 콘텐츠 상영시간도 600시간에서 1,000시간 이상으로 늘린다. 가령 일본은 애니메이션 위주로 공략하는 등 현지 맞춤형 콘텐츠에 집중할 계획이다. 우리나라를 겨냥한 콘텐츠도 준비 중이다. 서바이벌 예능 프로그램 '비스트마스터', 봉준호 감독의 영화 '옥자', 배두나 주연의 드라마 '센스8', 드라마 '좋아하면 울리는' 등을 연이어 선보인다. 국내 상륙 1년이 지났지만 가입자는 6만 명 정도에 불과한 넷플릭스는 단점으로 지적된 국내 콘텐츠 부족을 만회할 전략을 펼친다.

아마존도 마찬가지다. 역시 자체 스튜디오인 '아마존 스튜디오'를 중심으로 매년 400만 달러가 넘는 제작비를 투자하고 있다. 2016년에는 콘텐츠 경쟁력을 강화하고자 자체 콘텐츠를 전년 대비 세 배 이상 늘렸다. 한국 등 세계 200개 이상 국가로 서비스를 확대했다. 아마존도 국내 제작사와 제휴를 맺고 '아이돌마스터.KR'를 제작 중이다. 매월 50편의 최신 무료영화와 드라마·애니메이션 등이 업데이트할 계획이다.

전문 콘텐츠제작 사업자가 아니지만 자체 제작 콘텐츠는 작품성도 인정받았다. 2016년 열린 '영국영화TV예술아카데미BAFTA' 시상식에서 넷플릭스와 아마존은 최고 다큐멘터리상, 남우주연상, 각본상을 수상했다. 아마존 스튜디오가 투자한 '맨체스터 바이 더 씨'는 남우주연상(케이시 애플렉), 각본상(케네스 로너건)을 차지했다. 넷플릭스 다큐멘터리 '13번째'는 최고 다큐멘터리 상을 받았다.

국내 기업들도 자체 제작 콘텐츠로 많은 가입자를 확보한 아마존과 넷플릭스 사례를 눈여겨보고 있다. SK브로드밴드는 2016년 옥수수에서 '국화수' '마녀를 부탁해' '72초 데스크' '영화당' 등 10편을 선보였다. 2017년에는 전년보다 갑절 많은 콘텐츠를 제작한다. 제작비도 늘린다. KT도 콘텐츠 제작에 가세했다. 올레tv모바일에서 자체 제작 프로그램인 김준호의 SNS쇼 '산 너머 산'을 선보였다. 지상파 방송사도 자체 제작 콘텐츠를 푹에서 선보인다. 통신 3사의 OTT에 지상파 주문형 비디오VOD 공급을 중단했다. 푹이 유일하게 지상파 콘텐츠를 볼 수 있는 OTT가 됐다.

방송통신위원회가 발표한 2016년 방송시장 경쟁상황 평가에 따르면 국내 OTT 서비스 시장규모는 2015년 3,178억 원 규모에서 2016년 4,884억 원으로 성장했다. 53.7%에 달하는 급격한 성장세다. 2017년에도 20% 이상 크게 성장한다는 전망이다. 시장점유율 1위 업체는 유튜브로 40%가량을 차지하고 있다는 점이 특이하다. 유튜브는 2015년에만 매출 3,000억 원 이상을 올린 것으로 파악된다.

지상파, IPTV, 케이블TV, KT스카이라이프, 넷플릭스 등 이미 수많은 방송 미디어와 플랫폼 사업자가 OTT사업을 강화하면서 태풍전야 상황이다. 아직은 세계 시장에 비해 경쟁이 치열하지는 않지만 미디어 트렌드와 소비자 콘텐츠 소비 형태를 봤을 때 조만간 주류 미디어를 위협할 가장 강력한 후발 주자로 떠오를 것을 보인다. 무주공산 국내 시장을 선점하기 위한 무한 경쟁은 이미 시작됐다.

– **Tip** –

OTT

OTTOver The Top는 인터넷을 통해 볼 수 있는 TV 서비스를 일컫는다. OTT는 전파나 케이블이 아닌 인터넷으로 영상 콘텐츠를 제공하는 게 특징이다. 'Top'은 TV에 연결되는 셋톱박스를 의미하지만, 넓게는 셋톱박스가 있고 없음을 떠나 인터넷 기반의 동영상 서비스 모두를 포괄하는 의미로 쓰인다. 시장을 낙관하는 데는 초고속 인터넷 보급이 자리 잡고 있다. 동영상 서비스를 불편없이 볼 정도로 인터넷 속도가 '기가급'으로 빨라졌기 때문이다.

서비스 초기에는 TV나 셋톱박스 등과 같은 단말기를 통해 제공됐지만, 최근에는 유선·무선으로 확장되면서 다양한 단말로 제공되고 있다. 대표 기업으로는 유튜브, 훌루, 아마존 페이스북 등이 있다. 국내는 네이버, 카카오와 같은 포털업체가 뛰어들었고 SKT, KT, LG 유플러스 등 통신사업자가 공격적으로 나서고 있다. 개인 방송 플랫폼으로는 아프리카 TV와 CJ E&M의 티빙 등이 대표 서비스다.

04 전국 방송의 꿈 '원 케이블'

뭉치면 살고 흩어지면 죽는다.

케이블TV가 성장이 멈춘 시장 시장에 새로운 불씨로 고민하는 전략이 '원One' 케이블이다. 사업자가 힘을 합쳐 케이블의 '빅 픽처'를 그리겠다는 것이다. 서비스와 기술을 통합해 전국 사업자인 IPTV와 위성방송 등과 새로운 경쟁 구도를 만들겠다는 게 핵심이다. 이는 그만큼 절박한 현실의 반영이지만 반드시 해결해야 할 숙제라는 이야기다.

케이블 사업자는 78개 권역에 기반을 둔 유료방송 사업자다. 가령 케이블TV 'CJ헬로비전' 가입자가 다른 권역으로 이사를 가면 서비스를 이용할 수 없다. IPTV나 다른 케이블TV에 가입해야 한다. 케이블TV 지역 사업자마다 사용자 환경UI이 각각 다른 것도 불편했다. 이사하면 이미 구매한 주문형 비디오도 이용할 수 없다는 한계가 있었다. IPTV는 이와 다르다. 전국 사업자다. IPTV 가입자는 어느 지역으로 이사를 가도 동일한 서비스를 이용할 수 있다.

원 케이블 전략은 지역 단위 사업자의 한계를 뛰어넘을 수 있는 유일한 대안인 셈이다. 케이블TV업계는 이미 '하나 되는 케이블'를 목표로 원 케이블 전략을 수립했다. SK텔레콤의 CJ헬로비전 합병 무산 후 만들어진 '케이블TV 비상대책위원회'는 원 케이블 구현으로 소비자 편익 증대와 방송 산업 선순환 구조를 확립 하겠다며 의지를 다졌다. 순차적으로 ▲2017년 스마트홈·사물인터넷IoT 사업 ▲2017년 ALL-IP 체계 병행과 IP 방송기술 표준화 ▲2018년 2월 아날로그 컷오프(방송종료)와 디지털 전환 ▲2019년 클라우드 디지털미디어센터DMC 구축 등을 추진하기로 했다.

지역채널 통합 브랜드를 먼저 선보이고 관련 콘텐츠를 강화해 케이블TV 인지도를 높이기로 했다. 다른 지역으로 이사해 해당 권역에서 새로 가입하더라도 기존에 구매한 VOD 권리를 승계하는 서비스도 내놓을 예정이다. 디지털 전환은 정부 지원을 전제로 2018년 열리는 평창올림픽에 맞춰 평창·강릉 지역에서 시범 추진해 디지털 격차 해소에 나선다는 목표다. 아날로그 방송 종료는 SO가 아날로그 채널의 주파수를 활용해 차세대 서비스를 제공할 수 있는 인프라를 확보하는 의미도 있다는 설명이다.

ALL-IP 기반의 차세대 시스템 개발도 의미 있는 행보다. ALL-IP는 음성·영상 등의 신호가 인터넷 프로토콜IP 기반으로 통합되는 기술이다. 기존망보다 8배 이상으로 전송량을 증대해 초고화질UHD 방송을 활성화하고 미디어 커머스, N스크린, 실시간 시청률 조사 등의 서비스도 개발한다는 계획이다. 비대위는 이와 함께 모바일 결합 금지, 유선상품 재판매 금지, 이동전화 추가회선에 대한 유무선 결합 금지, 동등할인·동등결합의 추진과 '이동전화 다회선 할인 상품' 신설 등을 추가로 요구하기로 했다.

아울러 지상파 방송 별도상품(로컬 초이스) 추진도 제안하기로 했다. 케이블TV가 통신사와 경쟁을 실질적으로 가능하게 하고, 지상파 방송 콘텐츠 이용에 대한 비용 부담을 감소시키려는 방안이다. 배석규 비대위위원장(케이블TV 방송협회장)은 "케이블TV 활성화는 지역성을 구현하는 매체를 살리는 정책목표 달성과 결합상품 제도 개선을 통한 유료방송 ARPU(가입자당 평균매출) 정상화, 가계통신비 인하를 동시에 실현할 수 있는 방안"이라고 강조했다.

케이블TV업계는 원 케이블 전략 실현을 위해 4,700억 원을 투자한다. 이는 전체 SO 매출액의 약 20%에 해당하는 금액이다. 일자리 창출을 위해 신규 인력도 전국에 걸쳐 400여 명을 채용할 예정이다.

'더딘' 원 케이블 실행 속도

하지만 실행에 옮긴 원 케이블 전략은 몇 개나 될까. 솔직히 말하면 아직은 실험 중이다. 기대만큼 속도가 붙지 못하고 있다. 5개 복수종합유선방송사업자MSO와 10여 개나 되는 종합유선방송사업자SO 의견을 하나로 모으기는 쉽지 않기 때문이다. 2017년 1월 출시 예정이었던 미디어커머스는 잠정 보류 상태다. 기술적으로 완료됐고, 시범서비스도 했지만 수익모델이 확실하지 않다는 의견이 제기돼 연기됐다. 차별적 수익모델 등을 감안, 이른 시일 내 출시 가능성은 낮다는 게 중론이다.

이종 결합상품은 모양새는 갖춰 나가고 있다. 그동안 케이블TV는 IPTV의 '모바일+방송+인터넷'을 묶은 결합상품을 반대해왔다. 케이블TV는 구조적으로 모바일이 없어 IPTV와 경쟁이 불리하다는 이유에서다. 이에 대한 대안으로 나온 게 통신사업자와 공동으로 결합 상품을 구성하는 것이었다. 정부에서도 적극적인 지원과 중재에 나섰다. 덕분에 SK텔레콤 이동통신과 케이블TV 초고속 인터넷을 묶은 동등결합상품을 출시했다. 가입자는 SK텔레콤 모바일과 케이블TV 초고속 인터넷을 같이 이용할 수 있다. 케이블TV는 앞으로 방송까지 묶은 결합상품을 선보일 계획이다.

2016년 12월 SK텔레콤이 5개 케이블TV와 협약을 맺은 이후 선보이는 이종매체간 첫 상품이 나왔다. CJ헬로비전과 티브로드를 시작으로 JCN울산중앙방송, 딜라이브, 현대HCN 순으로 출시했다. 케이블TV는 동등결합상품이 소비자 선택권 강화, 가계 통신비 절감, 가입자 이탈방지는 물론이고, 유료방송 공정경쟁과 통신사와 케이블TV간 상생에 일조할 것으로 기대했다.

IoT 사업도 지지부진하다. MSO인 씨앰비와 딜라이브, 일부 종합유선방송사업자SO가 불참했다. 케이블TV 관계자는 "딜라이브와 씨앰비는 기존에 준비했던 IoT서비스가 있어 공동 IoT사업에서 참여하지 않겠다는 의사를 밝혔다"며 "개별 SO는 IoT 사업에 당장 큰 금액을 투자하는 것을 부담스러워 한다"고 설명했다. 케이블TV 통합 이용자환경UI 구축도 마찬가지다. 케이블TV 사업자별로 상이한 UI 때문에 발생하는 시청자 불편을 해소하기 위해 UI를 통합한다는 목표를 세웠지만, 확산이 더딘 실정이다.

그나마 성과를 내는 게 VOD사업이다. 케이블TV 가입자는 이제 다른 곳으로 이사 가도 VOD를 계속 이용할 수 있다. '평생소장 주문형 비디오VOD' 등을 구매한 고객이 다른 지역으로 이사하면 구매금액만큼 쿠폰으로 지급해 VOD를 다시 볼 수 있도록 하는 '평생소장 VOD 승계 서비스'를 시행한다. 지금까지는 케이블TV 가입자가 다른 케이블 사업자 지역으로 이사하면 기존에 구매한 VOD를 이용할 수 없었다.

케이블TV 업체는 평생소장 VOD나 무한시청(365일) VOD 구매 고객이 다른 케이블TV 사업자 지역으로 이사하면 기존 구매금액만큼 10만원 한도 내에서 쿠폰을 준다. 이 쿠폰은 30일 이내 기존에 산 VOD뿐 아니라 다른 VOD까지 구매할 수 있다. '평생소장 VOD 승계'는 전국 78개 권역으로 나뉜 케이블TV 업계가 2016년 말 '이동통신-케이블 동등결합상품'에 이어 선보이는 케이블 전략 서비스다. 전체 케이블TV 사업자의 지역채널 브랜드가 '우리동네 우리방송'으로 단일화 됐다.

원 케이블은 지역 사업자의 한계를 넘기 위해서도 당장 실천해야 할 '발등의 불'이다. 사업자 별로 이해관계가 달라 추진 속도가 더디더라도 동일한 이용 경험을 제공할 수 있는 환경은 반드시 필요하다. 시청자가 경험하는 서비스만이라도 사용 환경을 통일하기 위해서는 먼저 셋톱박스 규격을 통일하는 것이 필요하다. 공동으로 표준화에 나서면 셋톱박스의 단가를 낮출 수 있다는 장점도 있다. 셋톱박스를 교체하지 않고 클라우드 UI/UX를 적용하여도 사용 환경을 통일할 수도 있다.

케이블TV도 원 케이블을 슬로건으로 '각자도생'에 익숙한 분위기를 개선해야 한다. 방향성에 공감하더라도 사업자간 조율이 쉽지 않을 수 있다. 위기는 또 다른 면에서 기회다. 케이블TV만의 통합 브랜드를 만드는 것이 장기적 이익임을 알아야 한다.

05 지역채널 강자들

차별화 해답은 지역 공략

케이블TV는 위성방송, IPTV가 갖지 못한 숨은 경쟁력이 있다. 바로 '지역 채널'이다. 케이블TV 가입자라면 채널을 돌리다가 지상파 채널 사이에 있는 지역 뉴스가 나오는 채널을 본 적이 있을 것이다. 바로 자체 채널 즉 지역 사회 특성을 반영한 지역 맞춤형 미디어다. 케이블TV가 가진 일종의 지역 면허 사업으로 출범 초기부터 지역 독점권을 부여받았다. 지상파나 위성방송, IPTV가 전할 수 없는, 내가 살아가고 있는 지역의 생생한 이야기가 숨을 쉬는 곳이다. 발 빠른 지역 뉴스와 지역 밀착형 프로그램을 통해 주민과 실시간으로 소통하고 만날 수 있는 케이블TV만의 경쟁력이다.

지역 채널은 지상파나 IPTV가 접근하기 어려운 지역성에 뿌리를 둬 케이블TV 청사진을 그리는데 주요한 역할을 할 수 있다. 먼저 국회의원, 광역자치단체장과 지방의회 의원 등 지방선거 방송으로 지역 민주주의 발전에 기여할 수 있다. 지역 생활 정보도 광역시도 단위가 아니라 구나 읍·면 단위의 소식까지 제공해 지역에 밀착한 특화 생활 정보로 콘텐츠 차별화가 가능하다. 지역 콘텐츠를 기반으로 양방향 광고 등을 통해 지역 소상공인과의 활발하게 제휴할 수 있다.

케이블TV는 95년 개국 원년부터 지역 문화 창달과 지역 사회 기여를 위해 별도 채널을 법적으로 보장 받았다. 제작에서 편성은 물론 유통까지 케이블TV의 권한이자 책임이다. 중앙케이블비전의 '내 고장 이야기' 대구케이블TV의 '달구벌리포트' 서남방송의 '풍물기행 흑산도' 대전케이블TV의 '시인의 사랑-차마 꿈엔들 잊힐리야' 등이 초기에 나와 좋은 평가를 받은 지역 방송이다.

지역 채널은 매년 자체적으로 우수 프로그램을 시상할 정도로 안팎에어 관심이 크다. 96년에는 경북케이블TV의 현충일 특집 제1부 '고엽제의 상처를 안고 30년'과 2부 '이제는 말할 때'가, 97년에는 동부방송의 '시름을 잊고 살고지고'가 우수 프로그램으로 뽑혔다. 동부방송 프로그램은 지역 내 공원묘지를 새로운 시각으로 접근해 역사와 문화적 의미를 재조명한 프로그램으로 좋은 평가를 받았다. 같은 해 KCTV광주방송의 '삼베길쌈'도 20단계가 넘는 삼베 만드는 과정을 사계절에 걸쳐 인상적으로 보여줘 수상했다.

98년에는 금정방송의 '이제는 희망이다'라는 휴먼 프로그램이 수상했는데, 부산소년원 청소년의 삶을 5개월 동안 밀착 취재해 인정을 받았다. 구로케이블TV가 제작한 다큐멘터리 '백범 독립운동의 발자취를 찾아서'는 거꾸로 PP인 A&C코오롱이 사들여 방송할 정도로 작품성을 인정받았다. 99년에는 중앙방송의 '노래에 사랑을 싣고'가 지역 채널 부문에서 수상했다. '사랑의 아버지 합창단'의 모습을 통해서 대량 실업 시대에 약해질 수 있는 가족 사랑과 화목의 중요성을 일깨워준 프로그램이었다.

최근에도 지역채널 프로그램은 한 장르로 인정받을 정도로 좋은 작품이 많이 나오고 있다. 2014년 CJ헬로비전 해운대기장방송의 '속빈 해양레저특화사업' 티브로드 한빛방송의 '세월호 뉴스창 특보' 현대HCN 서초방송의 '지방 공무원 선출직 진출, 순기능과 역기능' 등 총 3편이 수상작으로 결정되었다. 지역채널의 콘텐츠 수준은 날이 갈수록 변화와 발전을 거듭해 가고 있다. 주민과 함께 알찬 정보와 뉴스를 나누고, 함께 기뻐하거나 아파하며, 때론 함께 분노도 하고 자긍심도 느끼면서 지역에 뿌리를 내려갔다.

지역채널은 한 발 더 나아가 HD급보다 4배 이상 더 선명한 UHD로 제작하는 프로그램까지 나올 정도로 화질에도 아낌없이 투자하고 있다. 스포츠 채널에서만 볼 수 있었던 프로스포츠 경기 생중계를 하는 SO에서 편성하는 사례도 늘고 있으며, 다양한 공모전을 통해 시청자 주도의 제작 프로그램을 활성화하기 위해 적극 나서고 있다.

가장 앞서가고 있는 업체가 CJ헬로비전이다. 전국 23개 방송권역 지역채널 번호를 25번으로 통일하고, 지역 콘텐츠를 전면 개편한다. CJ헬로비전은 "지역 정보·소식 프로그램을 늘리고, 지역채널에 특화된 포맷 도입과 콘텐츠 유통경로 다각화 등을 추진한다"고 밝혔다. 지역뉴스 편성 비율을 세 배로 늘려 전체 프로그램 중 약 10%인 지역뉴스 비중을 30% 가까이 확대한다.

뉴스 형식도 다양화한다. 전통적인 뉴스 전달 방식을 최소화하고 지자체·단체장 대담 코너, 주민 전화연결 등 지역뉴스에서만 선보일 수 있는 포맷을 늘린다. 재난방송 프로그램도 강화한다. 24시간 속보 체제를 강화하고, 심층 기획코너를 추가 편성한다. 기존과 달리 '주의보' 단계부터 특보를 알리는 방식으로 지역민이 재난에 선제적 대응을 할 수 있도록 지원할 계획이다. 또 PC·모바일에서 지역뉴스와 생활정보를 제공한다. 상반기 지역채널 전용 모바일 웹 페이지도 구축한다. 상암 CJ헬로비전 1층 본사에는 오픈 스튜디오를 마련, 지역채널 프로그램을 진행한다. 이기용 CJ헬로비전 지역채널본부장은 "지역밀착 정보를 강화해 지역채널 콘텐츠 경쟁력을 키우고, 유통 플랫폼 확대를 통해 지역채널 미래 성장전략을 구체화할 계획"이라며 "앞으로 지역채널이 케이블TV 플랫폼의 차별적 가치인 지역성 구현에 일조할 수 있도록 역할을 다할 것"이라고 강조했다.

지역 채널을 활성화하기 위해서는 우수 프로그램을 VOD로 제공하고 별도의 패키지를 구성해 싼 가격에 제공하는 것도 방법일 수 있다. 지역 채널 수상작을 중심으로 하는 프리미엄 지역채널관이나 고향을 떠나 타지 생활을 하는 사람들에게 향수를 심어주는 데일리 지역 채널관과 같은 케이블TV에서만 제공할 수 있는 콘텐츠도 개발해야 한다. 통신사와 무한경쟁의 구도에서 비슷한 서비스로 경쟁한다는 것은 힘들겠지만 비슷하진 않더라도 거의 유사한 수준의 규모의 경제를 갖출 필요가 있다. 적정한 규모의 투자는 경쟁력 회복을 위한 필수 요건이다. 네트워크와 플랫폼 인프라 투자도 중요하지만 지역채널과 같은 특화 콘텐츠에 대한 꾸준한 투자가 이뤄져야 케이블TV 미래에도 더 많은 기회가 주어질 것이다.

지역채널 미래, 'KCTV 제주방송, 서경방송'

서울에서 제주도로 이사 온 미모의 20대 여성. 제주도 총각 두 명은 첫눈에 반해 구애를 시작한다. 여성은 순진한 남성과 각각 데이트를 한다. 남자들은 핑크빛 미래를 꿈꾸지만, 좁은 제주도에서 여성의 바람기는 금방 탄로 난다. 시청자는 웃고 만다. 지역채널 최초 시트콤인 KCTV제주방송 '웃당보민'의 한 장면이다. 웃당보민은 최근 늘어난 이주민과 현지인 간 갈등을 다룬 방송으로, 제주도에서 큰 인기를 얻고 있다.

KCTV제주방송 지역채널이 지상파TV 채널 못지않은 인기를 기록 중이다. KCTV제주방송은 지역채널 평균 시청률이 100여 개 채널 중 4~5위를 꾸준히 유지하고 있다고 밝혔다. 비결은 다양한 지역밀착형 프로그램덕분이다. KCTV는 원주민과 이주민간 갈등 등 지역민 관심사를 토대로 다양한 장르를 제작한다. KCTV제주방송 자체제작 비율은 약 70%다.

KCTV제주방송 예능 프로그램은 대표적인 지역 밀착형 성공사례다. KCTV제주방송은 기존 지역채널이 선보이지 않았던 예능 프로그램을 처음 시도했다. 시트콤 웃당보민과 리얼버라이어티 농사의 신은 제주도에서 큰 문제로 떠오른 이주민과 원주민의 갈등을 가볍게 풀어내는 데 성공했다. 윤용석 편성국장은 "지역채널 프로그램은 지루하다는 편견을 깨기 위해 예능 프로그램 제작을 시도했고, 웃당보민과 농사의 신 모두 대표적인 지역 밀착 프로그램으로 자리 잡았다"고 말했다.

이외에 관광객과 이주민이 늘어나면서 제주어를 배우려는 수요가 늘자 '배워봅써 제주어'라는 프로그램을 편성했다. 중국인 관광객이 증가하자 중국어 관련 프로그램 챌린지 퀴즈 챔프, 생활 외국어 프로그램 등도 제작했다. 생방송 뉴스 진행으로 현장감을 높인 점도 인기 요인이다. KCTV제주방송은 하루 4번 총 4시간 30분간 뉴스를 생방송으로 진행한다. 시시각각으로 새로운 지역 뉴스가 업데이트된다. KCTV제주방송은 지역채널을 지상파 채널 사이인 7번에 배정했다. 아무리 좋은 프로그램이라도 뒷번호대에 있으면 시청자가 접할 수 없다고 판단했다. 윤용석 편성국장은 "앞으로도 지상파방송 못지않은 재미있는 지역밀착형 콘텐츠를 제작할 것"이라고 강조했다. KCTV제주방송은 제주도에 기반을 둔 개별 SO다.

서경방송도 지역채널을 잘 운영하고 있다. 서경방송 가입자는 지역채널 덕분에 900명 가까이 증가했다. 케이블TV 가입자의 IPTV 이동이 늘어나는 상황에서 자금력이 부족한 개별 SO 가입자가 순증한 것은 주목할 만한 성과다. 2016년 초부터 8월까지 가입자가 887명 늘었다고 밝혔다. IPTV와 위성방송과 달리 케이블TV만 가지고 있는 지역채널을 잘 활용했기 때문이라는 설명이다.

서경방송 지역채널은 철저하게 '지역성'에 중점을 둔다. 지역민이 진행하는 행사와 토론회에 전부 참가한다. 재능기부 형식으로 지역 행사를 중계하고 프로그램을 제작한다. 지역채널에 2~3일에 한 번꼴로 지역 행사가 중계된다. 지역민이 지역채널을 보기 위해 서경방송에 가입하는 선순환 작용이 일어난다. 곽재균 서경방송 부장은 "지역채널 시청률이나 이윤을 생각하지 않고, 지역 소상공인과 지역 시청자가 원하는 것을 만드는 것이 원칙으로 하다 보니 지역채널이 곧

제주방송의 예능 프로그램들.

지역 그 자체가 됐다"고 강조했다.

지역 산업을 키우기 위한 프로그램도 기획한다. 권역인 진주시, 산청군, 함양군, 남해군 등이 도농복합형 도시이기 때문에 관련 산업을 알리는 프로그램을 적극 제작한다. 이렇게 만들어진 '6차산업시대'는 울산, 경남 SO에도 공동 편성을 요청했다. 권역 외 다른 지역에도 서경방송 권역 내 소상공인들을 홍보하기 위해서다. 황금 번호대인 지역채널도 인기의 비결이다. 서경방송은 지역채널을 지상파 채널 번호대인 8번에 배치하는 과감한 시도를 단행했다. 서경방송 관계자는 "과거 지역채널은 16번이었지만 지역채널 활성화를 위해 시청자가 자주 이용하는 번호대에 넣어야겠다고 판단했다"고 말했다.

덕분에 서경방송 지역채널 시청률은 높다. 채널별 시청점유율 순위 10위를 유지한다. 지상파와 종편을 바짝 뒤쫓는다. 지역채널 존재감이 미미한 다른 케이블TV에 비하면 독보적인 성과다. 서경방송 관계자는 "돈을 벌기보다는 진정으로 지역을 위하는 길이 무엇인지를 고민한 뒤 방송을 만들다 보니 시청률과 가입자는 자연스럽게 따라왔다"며 "앞으로도 지역 발전을 위한 이타심을 중심으로 지역채널을 운영할 것"이라고 포부를 밝혔다. 서경방송은 진주시, 사천시, 산청군, 함양군, 하동군, 남해군 등 서부 경남지역을 기반으로 한 개별 SO다.

4부. 방송의 역사, 그리고 야사

01 듣는 방송에서 보는 방송으로 (1995년 이전)

케이블TV 분수령 '1995년'

케이블TVCATV: Cable Television는 지상파TV와 같은 전통적인 방송과 다르다. 가장 큰 차이는 '선' 즉 케이블이다. 흔히 방송은 전파를 활용해 무선으로 프로그램을 보내준다. 이에 반해 케이블TV는 구리선이나 광섬유와 같은 유선을 이용한다. 무선으로 받은 TV방송신호를 유선으로 다시 전송하는 구조가 케이블TV 원리다.

출발은 지상파방송 난시청을 위해 설치한 '공동수신 안테나 시스템CATV: Community Antenna TV'이었다. 불특정 다수 보다는 한정된 가입자가 대상이었다. 1949년 미국 오리건주 아스토리아 지방에서 처음 시도한 것으로 전해진다. 산악지대에 위치한 아스토리아는 TV전파 수신이 녹록치 않았다. TV를 시청하기 위해서는 무선 송신탑 신호를 수신할 수 있는 대형 안테나가 필요했다. 산꼭대기에 마스터 안테나를 설치하고 방송신호를 받아 이를 유선으로 가정에 다시 보내주었다. 즉 지상파 방송을 유선으로 재전송하는 중계유선방송 형태였다. 이후 케이블을 활용한 전송 기술은 지역, 문화, 기술, 정책에 따라 나라별로 약간씩 변형돼 세계로 퍼져 나갔다. 단순 지상파TV 신호 중계 서비스를 넘어 다채널 쌍방향 서비스 뿐 아니라 컴퓨터와 결합해 음성, 영상은 물론 데이터 서비스까지 가능한 수준에 올랐다. 가입자 요구와 다채널 수요, 기술 발전 등과 맞물려 서비스가 하루가 다르게 진화하고 있다.

케이블TV 강점은 넓은 대역폭을 활용한 경제성이다. 위성방송, IPTV 등 다른 경쟁 플랫폼과 비해 실어 나를 수 있는 공간이 넉넉하다. 대략 100개 채널을 한 번에 전송한다. 방송을 제외한 남는 주파수 대역은 초고속 인터넷 서비스로 가능하다. 따로 망 구축이 필요 없어 그만큼 비용을 절감할 수 있다. 화상전화, 주문형 비디오VOD, 원격 교육과 방범, 홈뱅킹, 의료, 방재와 같은 부가서비스까지 제공할 수 있다.

국내에서 케이블TV가 도입된 시점은 95년이다. '더 넓은 세상, 더 밝은 미래'를 향한 뉴미디어로서 첫 신호탄을 쏘아 올렸다. 1월 5일 시험방송에 이어 3월 1일 본방송을 시작했다. 당시 참여한 업체는 PP 21개 사와 SO 39개 사였다. 자연스럽게 95년은 케이블TV시발의 기준점이 되었다. 개국 시점을 전후로 케이블TV는 다른 세상이 펼쳐졌다.

케이블TV 개국 전까지는 유료방송의 싹을 심는 맹아기로, 유료방송 산업의 초석을 놓기 위한 준비 단계였다. 지상파 방송을 직접 수신하기 힘든 지역에 보내주는 중계 유선방송 서비스가 전부였다. 음악

방송과 같은 오디오 서비스로 시작해 비디오 서비스로 넘어 가면서 시장이 무르익었다. 이 당시에 갖춘 시설 인프라, 서비스 운영 경험, 우수한 전문 인력은 케이블TV가 손쉽게 연착륙할 수 있는 디딤돌이 되었다.

케이블TV 개국 이후 기술 진화, 가입자 규모, 서비스 방식 등에 따라 대략 5년 단위로 시장이 바뀌었다. 뉴미디어 방송 출범(1995년~1999년), 플랫폼과 채널 경쟁(2000년~2004년), 디지털화 선언과 도약(2005년~2011년), 케이블TV 쇠락과 재도전(2012년 이후)이 그것이다.

95년부터 대략 2000년 전후까지는 주로 정부가 주도해 산업을 만들었다. 새로운 미디어 방송 출연과 맞물려 시장 활성화를 목적으로 수많은 정책이 쏟아져 나왔다. 시장 연착륙을 위해 주로 민간 보다는 정부 주도로 산업 기반이 조성되는 기간이었다. 화룡점정은 99년 12월 28일 국회 표결을 통과한 '통합방송법'이었다. 2000년부터 시행된 통합방송법은 케이블 시장의 새로운 전기가 되었다. PP와 SO의 수평, 수직적 결합을 허용하는 등 일정 규모에서 소유와 겸업이 가능해 규모의 경제를 구현할 수 있는 기반이 갖춰졌다.

통합방송법을 기점으로 케이블TV도 산업으로서 모양새가 만들어졌다. 수많은 채널과 새로운 플랫폼이 등장했다. 대략 2000년부터 2004년까지 시기로 가입자가 늘어나고 관심이 높아졌지만 반대로 위성방송을 포함한 다양한 플랫폼이 등장해 치열한 경쟁 시대로 진입했다.

2005년부터 2011년까지는 '디지털'이 가장 큰 화두였다. 개국

10주년과 맞물려 케이블업계는 '케이블10년, 디지털 원년'을 선언하고 디지털 서비스 구축에 발 벗고 나섰다. 인프라, 시설, 서비스 등 모든 면에서 디지털화가 이뤄지면서 아날로그에서 디지털로 무게중심이 서서히 옮겨갔다. 2008년 IPTV가 등장하면서 통신업체와 시장 주도권을 위한 팽팽한 줄다리기가 이어졌다. 케이블업계는 성숙기에 진입했으며 재도전을 위한 숨고르기에 돌입했다.

케이블TV는 20년 만에 대표 유료방송 매체로 성장했지만 IPTV·위성방송과 플랫폼 경쟁, 지상파와 콘텐츠 경쟁, 통신업체와 기술경쟁이 불가피해졌다. 시장에서 차지하는 입지도 약해지는 추세다. 성장세가 주춤해진 틈에 스마트와 모바일 바람을 앞세운 '루키' 미디어 그룹이 도전장을 던지며 케이블TV를 위협하고 있다.

케이블TV 개국 전까지 중계 유선방송이 주도

방송에서 유료라는 개념이 싹 튼 건 60년대다. 당시에는 공시청 방식으로 한정된 지역에 송출하는 라디오 중계 재송신이 전부였다. 하지만 별도 시설이 필요해 돈을 받고 가입자를 모았다. 직접 수신이 힘든 지역이 대상이었다. 70년대는 중계 유선방송업체가 방송 송신 장비인 헤드엔드Head end 시스템을 갖추고 독자적으로 방송을 송출했지만 여전히 지상파의 보완재 수준이었다. 헤드엔드 장비는 중계 유선방송 사업자의 필수 장비로 메인 안테나에서 수신한 FM전파나 VHF, UHF대역 TV전파를 증폭해 케이블 즉 유선으로 내보내는 역할을 맡는다.

80년대에는 KBS와 MBC처럼 자체 방송국을 갖추고 지방 또는 전국을 대상으로 방송을 시작했다. 프로그램은 직접 제작하거나 전문 공급업체에서 수급했다. 전국 케이블TV망도 구축됐다. 90년대부터는 컴퓨터를 연계해 고도 정보 매체로서 기능을 수행하면서 쌍방향 케이블TV가 가능하게 됐다.

초기 유료방송은 '중계유선 사업'으로 불렸다. 중계 유선방송 사업자(RO)가 주도했다. 1957년 정부가 주도한 '농어촌 앰프·스피커 보내기 운동'이 시작이었다. 정책을 농어촌 주민에게 알리기 위해 실시했으며 자연스럽게 '라디오 방송'이 자리 잡았다. 방송망이 갖춰져 있지 않았던 당시에는 오디오 유선방송이 인기였다. 흔히 '음악방송 3채널'이라 불렸는데 3채널이란 피복 안에 세 가닥 삐삐선이 있어 국내 가요, 팝송, 클래식을 송출하는 형태였다.

61년 '유선방송 수신 관리법'이 제정되면서 중계 유선방송 사업이 제도적으로 정착됐다. 유선방송 관리법은 산악과 해안 지대와 같은 난시청 지역을 해소하기 위한 조치였다. 중계 유선방송은 당시 들풀처럼 일어난 새마을운동과 맞물려 지상파방송사와 시청자, 지방행정기관에서 지역 미디어로 환영 받았다. 유료였지만 가격이 싸고 AFKN을 비롯해 일본 NHK, 홍콩 스타TV 같은 해외 위성방송까지 제공했다.

덕분에 80년대로 넘어가면서 난시청 지역은 거의 해결됐다. 의도치 않은 부작용도 생겼다. 새롭게 '비디오 문화'가 싹트면서 불법적으로 비디오테이프를 방영하는 '불법 비디오 유선방송'이 등장한 것이다. 가입비 3만원에 월 시청료로 6,000원을 주면 누구나 하루 종일

비디오를 볼 수 있었다. 당시는 TV가 전일 방송이 아니어서, 주로 쉬는 시간대에 여관, 호텔, 가정 등으로 비디오 영상을 송출했다. 난시청 해소와 전혀 다른 목적의 불법 유선방송은 유흥업소는 물론이고 일부 가정까지 가입자를 확대해 사회 문제로 떠올랐다. 이는 중계 유선방송에 대한 부정적인 이미지를 심어주는 계기가 되었다.

급기야 86년 3월 국무회의에서 기존 '유선방송 수신관리법'을 폐지하고 새로운 '유선방송 관리법안'을 의결했다. 허가업체의 5배에 이르는 전국 2,000여 무허가 유선방송을 정리해 심각한 사회 문제로 떠오른 불법 비디오 문제를 해결하려는 의도였다. 새로운 법안에서는 지금까지 탈법, 불법, 위법 취급을 받던 유선방송을 표면적으로 합법화하는 게 골자였다. 하지만 허가 기준은 더욱 엄격해졌다. 중계 유선방송만 허용하던 유선 방송 범주 안에 종합유선방송, 음악유선방송, 자가 유선방송까지 포함시켰다. 문공부 장관 허가를 받되 5년마다 다시 허가를 받도록 했다. 자체 제작한 프로그램 방영도 금지했다. 중계 유선방송을 단순히 난시청 해소를 목적으로 하는 '중계사업자'의 역할로 묶어두려는 의도였다.

이는 반대로 케이블TV가 탄생할 수 있는 빌미를 마련해 주었다. 난시청 지역이 아닌 곳에도 중계 유선방송 사업을 할 수 있는 근거를 마련해 줘 시장을 활성화할 수 있는 기폭제가 되었다. 실제로 중계 유선방송은 기존 난시청 지역은 물론이고, 전국을 사업권으로 사용 채널을 확대하고 합법적으로 전신주를 활용하면서 오히려 정책 의도와 달리 활황세로 돌아섰다.

중계 유선방송에서 종합 유선방송 구도로

"우리나라도 케이블TV 시대가 열리는가. 정부 여당이 현행 유선방송관리법을 고쳐 내년부터(1989년)부터 민간에서도 종합유선방송에 참여하도록 하겠다는 것은 최근 야당과 방송가 일각에서 제기된 방송 허용 요구를 이로써 해보겠다는 응답이라 할 수 있다."–동아일보가 88년 6월 23일자 '재벌과 TV방송' 제하의 사설

민간 종합유선방송을 허용하겠다는 방침은 87년 제13대 대통령 선거 때 민정당 공약사항으로 처음 언급되었다. 정부와 여당이 뉴미디어 필요성을 인식한 결과였지만 경제 논리 보다는 정치적 목적이 먼저였다. 87년 6.29 선언으로 불기 시작한 민주화 바람으로 일방적이고 고압적인 미디어 정책에 변화가 불가피했다. 코앞으로 닥친 88서울 올림픽도 더 이상 미디어 정책을 폐쇄적으로 유지할 수 없는 분위기를 조성했다.

90년 종합유선방송 추진위원회가 출범했으며 91년 종합유선방송법을 제정하고 케이블TV 도입을 공식화했다. 종합 유선방송과 중계 유선방송의 차이를 분명히 둬 새로운 미디어임을 강조했다. 가령 종합유선방송법에서 종합유선 방송은 "영상(문자와 정지화상을 포함), 음성, 음향 등을 유선 전기통신시설을 이용하여 수신자에게 송신하는 다채널 방송을 말한다"고 정의했다. 반면에 중계 유선방송은 유선방송관리법(86년 12월31일 제정)에서 "중계 유선방송이라 함은 전파법에 의하여 허가를 받고 방송을 하는 무선국의 방송을 수신하여 중계 송신하는 것을 말한다"고 규정해 선을 그었다. 중계 유선방송RO과 구분해 종합 유선방송SO 이른바 케이블TV를 도입하겠다고 천명

하면서 유료방송 체제를 RO와 SO로 이원화한 것이다.

관련법이 만들어지자 케이블TV준비 작업이 탄력이 붙었다. 유선방송 시범사업추진 기본계획을 수립하고 서울 목동과 상계동 8000여 가구를 대상으로 시범 방송을 시작했다. 시범 방송은 94년 8월 17일부터 10월 14일까지 3개월간 매월 2주일씩 하루 4시간 200가구를 대상으로 케이블TV 전문채널 5개, 지상파 재전송 채널 5개, 지역채널 2개 등 모두 12개 채널을 테스트했다.

시범 사업이 얼추 마무리되자 정부는 93년 6월 종합유선방송 추진 일정을 발표했다. 방송프로그램 공급업자를 그 해 8월 말까지 선정하고 9월 1일부터 57개 지역에 방송국SO을 허가한다는 내용이었다. 프로그램 공급업자PP는 보도, 교양, 교육, 문화, 예술, 음악, 어린이, 오락, 스포츠, 영화, 기타 등 10개 분야에 복수 선정을 통해 15~20개 채널을 새로 허가할 계획이라고 언급했다. 이후 전국 116개 SO 구역, PP 자체 제작 비율 등을 확정해 35개 PP와 53개 SO를 허가했다. 하지만 정치권이 사업자 선정에 개입했다는 특혜 논란이 일면서 사회적인 이슈로 떠올랐다. 93년 1차로 시작된 53개 SO는 서울지역 21개, 부산지역 8개, 대구지역 6개, 대전 2개, 경기, 강원, 충북, 충남, 전북 지역 각각 1개씩이었다. 2차 SO는 모두 24개사였는데 경기 8개, 강원 2개, 충북 1개 충남 전북 전남 지역에 각각 2개, 경북 지역 3개, 경남 지역 4개였다. SO와 별도로 진행한 PP심사에는 지상파방송을 앞지를 매체라는 장밋빛 전망이 이어지면서 삼성·현대·대우·진로·코오롱·동아 등 대기업이 앞 다퉈 사업에 뛰어들었다.

SO와 PP선정을 마무리한 정부는 94년 7월부터 95년 2월까지 3단계 광고 전략을 세우고 예산 70여억 원을 투입해 케이블TV를 띄우기 위한 사전 홍보에 열을 올렸다. 전국을 대상으로 각종 이벤트를 진행했으며 95년 미스코리아 선발대회 '선善' 이었던 김정화 씨를 초대 '미스 케이블TV'로 선정해 뉴미디어 시대 개막을 적극 알렸다.

– Tip –

대한민국 방송 역사

텔레비전TV 기원은 지금부터 100여 년 전인 1920년대까지 거슬러 올라간다. 전파가 소리만이 아닌 그림을 전달할 수 있을 것이라는 아이디어에서 비롯됐다. 1928년 러시아 출생의 미국 전자공학자인 블라드미르 쯔위르킨V. Zworykin이 음악에 그림을 첨부하는 방법을 고안했고 1930년 판스워스P. Fanworth가 텔레비전 시스템 특허를 받으면서 방송의 초석을 놓았다.

TV방송을 이야기할 때 빼 놓을 수 없는 나라가 영국이다. 29년 9월 30일 BBC를 통해 세계에서 처음으로 TV전파를 송신했다. 이어 독일이 35년, 미국이 41년으로 6년 주기로 방송을 시작했다. 당시 TV 방송은 원시적이며 초보적인 수준이었다. 영상과 음향을 송신했지만 이를 받아 볼 수 있는 TV수상기도 턱없이 부족했다. 수상기 크기도 컸을 뿐 아니라 가격도 비쌌다. 2차 세계대전이 끝난 직후인 46년,

미국이 가장 많은 텔레비전 수상기를 가진 나라였는데 1만 대에도 채 미치지 못하는 약 8,000대 수준이었다고 전해진다.

국내에서 첫 전파를 올린 시점은 일제 치하인 1927년 2월 16일이었다. 경성 중앙방송국이 주인공이었다. 첫 방송국이었지만 식민 지배를 위한 통치 목적으로 주로 공지사항을 전달하는 게 전부였다. 45년 8월15일 해방이 되면서 직접 방송을 시작했다. 일본이 남기고 간 장비를 활용했다. 정부 수립 후 공보처에 방송국이 신설되면서 경성 방송국 명맥을 이어 받았다. 우리나라 최초 상업방송인 RCA 한국 대리점이 56년에 시작한 'HLKZ-TV'다. HLKZ는 호출부호로 당시 100W 출력으로 전파를 송신했다. 세계에서 열다섯 번째, 아시아에서 네 번째로 상업 방송이었다.

HLKZ-TV가 56년 5월 12일 첫 방송을 내보냈다. 도심 건물 외벽에 설치한 대형 모니터를 통해 하루 2시간 방송하는 수준이었다. HLKZ 방송은 지금 우리가 국가 표준으로 정한 'NTSC National Television System Committee method' 방식을 택했다. NTSC는 미국이 정한 세계 방송 표준이다.

HLKZ-TV는 '종로 방송국'이라는 애칭으로 불렸다. TV수상기가 극히 부족해 서울 시내에서 사람이 많이 모이는 사직공원, 파고다공원, 화신백화점, 서울역 광장, 광화문 네거리, 동대문 운동장 등 모두 20여 곳에 24인치 대형 옥외 TV수상기를 설치해 활동사진을 겸해 무료로 방송을 보여주었다. 당시 보도에 따르면 시험 방송을 본 시민들은 활동사진이 붙은 라디오가 나왔다는 반응이었다. 당시 HLKZ-TV

시청거리는 반경 15m 안팎이었다. 최초 상업TV는 화재로 채 3년을 넘기지 못하고 문을 닫았다.

59년 지역방송인 부산 MBC라디오가 개국했고 국내 방송 지형이 갖춰졌다. 61년 12월 한국텔레비전방송국(KBS-TV)이 호출부호 HLCK 채널 9, 영상출력 2kW, 음성출력 1kW로 방송을 시작하면서 전국에 텔레비전 중계소가 설치됐다. 63년 4월 동아방송이, 64년 12월 삼성 계열의 동양텔레비전방송TBC이, 라디오 방송만 하던 문화방송MBC이 66년 TV방송국을 설치해 KBS, TBC, MBC 3대 네트워크 시대가 열렸다. TV방송 시대가 바야흐로 열린 것이다. 이어 91년 SBS가 개국했다.

TV수상기는 한국전쟁이 끝난 54년에 상륙했다. 사치품으로 분류돼 180%의 높은 통관세를 물어야 할 정도로 '그림의 떡'이었다. 가장 큰 수상기였던 24인치는 74만환, 21인치는 43만환, 17인치는 39만 환, 14인치가 34만 환, 가장 작은 8.5인치가 19만 환이었다. 쌀 한 가마니 가격이 1만 8,000환 정도였으니 당시 TV 수상기는 '부의 상징'이었다.

첫 한국산 수상기는 66년 8월 금성사(지금의 LG전자)에서 만든 흑백 진공관식 19인치 TV로 월 500대 규모로 생산했다. TV생산 불모지였던 우리나라는 TV생산 16년만인 82년 세계 1위 흑백 TV수상기 수출국에 올랐다. 컬러TV는 74년에 아남산업과 일본 마쓰시타전기松下電機가 합작 생산했으나 정부 시책에 따라 80년 8월부터 국내에 출시됐다. 같은 해 12월 컬러 TV방송을 시작했다.

컬러TV가 나온 이후 완전한 보는 시대로 탈바꿈했다. 세상이 오디오에서 비디오로 바뀌는 미디어 혁명이 일어났다. 영화관 대형 스크린이 작아지면서 집집마다 영화관이 들어선 안방극장 시대가 열린 것이다.

새로운 미디어의 출범
(1995년~2000년)

'꿈의 채널' 뉴미디어 방송 시대 선언

"종합유선방송의 출범은 정보화 사회로 가기 위해 국민 모두가 노력한 결과다. 종합유선방송 출범을 계기로 우리도 다채널 시대에 진입했으며, 국민들은 보다 높은 문화생활을 누릴 수 있을 것이다." 케이블TV 개국을 기념한 김영삼 대통령의 축하 메시지다.

케이블TV는 95년 1월 시험방송, 3월 본방송 일정으로 진행됐다. '깨끗한 화면, 맑은 음향, 24시간 방송, 30개 채널'이라는 대대적인 홍보 문구가 뒤따랐다. 지상파 독주 시대를 마감하고 다채널 뉴미디어를 위한 포문이 열린 것이다. 미국보다 35년, 일본보다 8년 정도 늦었지만 세계 방송 역사에서 처음으로 '전국' 뉴미디어 방송이라는 기록을 남겼다. 초기 사업 형태는 3분할 구도였다. 종합유선방송국SO, 프로그램 공급자인 채널사용 사업자PP, 전송망 사업자NO로 나눠 방송을 위한 기반을 갖춰 나갔다.

시험방송은 PP 21개 사와 SO 39개 사 주도로 이뤄졌다. 3월 본방송이 시작됐지만 24시간 방송을 볼 수 있는 채널은 YTN뿐이었다. BTN불교TV, 교통안전관리공단, 제일방송 등 일부PP는 본 방송 일정을 맞추지 못해 애를 태웠다. 대통령까지 나서 개국을 축하하는 팡파레를 울렸지만 곳곳에서 잡음이 끊이지 않았다. 대대적인 홍보에도 초기 가입자 규모도 기대에 못 미쳤다. 개국 첫 해 가입 가구 규모는 불과 9만 7,463가구에 머물렀다. 30만을 예상한 정부를 무안케 하는 수치였다. 그마저도 컨버터가 제대로 설치된 유료 가입자는 2만 1,045가구에 불과했다.

사실 이는 예고된 재앙이었다. 본방송 시작 전부터 크고 작은 문제가 불거져 나오는 등 시작이 매끄럽지 못했다. 전송망 구축이 원활하지 못했고 컨버터 생산도 차질을 빚었다. 방송기술 전문 인력은 계획 대비 40% 미만을 확보하는데 그쳤고 방송시설 장비도 국내 기업이 납품 일정을 맞추지 못해 상당 부분 수입에 의존해야 했다. 방송 내용도 기껏해야 영상 화면을 설명해 주는 '컬러 바Color Bar'와 자료 화면 혹은 방송 프로그램을 안내하는 수준이었다. 개국 전부터 본방송을 연기해야 한다는 목소리가 높았지만 정부가 무리하게 강행한 결과였던 셈이다.

케이블업계는 시청자 서비스 차원에서 2개월간 무료방송을 실시하고 5월부터 유료방송으로 전환해 수신료를 받았다. 다행히 PP업계의 투자가 이어지면서 전문 채널은 증가했다. 95년 10월 홈쇼핑TVHSTV와 하이쇼핑 2개 홈쇼핑채널 본 방송을, 12월에는 문화·예술을 비롯해 만화·바둑·기독교 채널이 방송을 시작했다. 96년 DCN(대우시네

마네트워크), MBN(매일경제TV), OUN(방송대학TV), 97년 영어 전문 아리랑TV가 추가됐다. 개국 3년 만에 전국 53개 SO에서 지역 채널과 지상파 재송신 채널, 위성 재송신 채널 등을 포함해 37개 채널 프로그램 송출이 가능해졌다. 채널 면에서는 개국 첫 해와 비교해 배 이상 늘어난 것이다.

종일 방송을 표방했지만 당시 하루 평균 18.6시간을 방송했다. 24시간 방송하는 채널은 YTN, MBN, KMTV, DCN, Mnet, A&C 코오롱, 캐치원, 하이쇼핑, 39쇼핑 9개 채널이었다. 채널 시청률 조사에서는 DCN 점유율이 9.27%로 가장 높았고 투니버스, YTN, HBS(현대방송) 순이었다.

당시 사업자간 수신료 배분 문제도 '뜨거운 감자'였다. SO, PP, NO '3분할 체제'에서 월정 수신료 1만 5,000원을 나누는 결정은 쉽지 않았다. 결국 참여 기업 규모와 성격을 고려해 95년 개국 당시 결정된 비율은 SO 52.5%, PP 32.5%, NO 15%였다. SO는 지역중소기업 규모이며, 담당 업무가 수신료 징수뿐만 아니라 마케팅과 설치에서 애프터서비스A/S까지 수행한다는 점을 감안해 가장 높게 책정했다. 대기업 위주 PP와 공기업인 NO는 기업 속성 탓에 차등을 두면서 불이익을 받은 것이다.

케이블TV개국, 불안한 출발

케이블TV가 장밋빛 비전을 안고 출범했으나 상당한 시행착오를 겪었다. 대대적인 홍보와 달리 가격도 비싸고 경쟁력 있는 콘텐츠를 보여주지 못했다. 무엇보다 기존에 유료방송 시장을 주도하던 중계유선방송을 넘어서기가 쉽지 않았다. 93년 기준으로 중계유선방송 시설국은 1,000여 개 업체에 156만 가구가 가입해 20% 가입률로 만만치 않은 규모를 자랑했다.

당시 중계 유선방송은 종합 유선방송과 비슷했지만 다른 제도와 구조로 운영됐다. 두 사업자끼리 대립과 갈등이 불가피했다. 중계 유선방송은 유선방송관리법에, 종합유선방송은 종합유선방송법에 저촉을 받았다. 사업 구역도 중계유선 방송은 시, 군, 구 또는 읍, 면, 동을 포함한 전국 860개 지역인데 반해 종합 유선방송은 지역 프랜차이즈 형태로 전국 77개 지역이 대상이었다. 중계 유선방송 사업 범위는 전파법에 의거해 허가받은 방송국 중계 송신과 녹음, 녹화 송신과 공지사항 등이었고 종합유선방송은 전문 채널과 지역 채널, KBS와 EBS와 같은 지상파 재송신이었다.

허가와 관리하는 기관도 상이했다. 중계 유선방송은 정보통신부였고 종합 유선방송 가운데 SO와 PP는 문화관광부, 네트워크 사업자(NO)는 정보통신부 허가를 받아야 했다. 중계 유선방송은 규제 없이 자생적으로 성장해 왔고 방송권역 개념이 없었으며 시장 크기나 사업성에 따라 복수의 사업자가 경쟁하거나 단일 사업자가 독점으로 영업하는 형태였다. 반면에 종합유선방송은 엄격한 법 테두리에서 운영해야 했다.

가입비도 차이가 났다. 중계 유선은 월 3,000~5,000원 수준이며 설치비가 3만원 이하였다. 반면 종합 유선방송은 기본요금 월 1만 5,000원에 설치비가 4만~6만원이었고 유료 채널을 시청하려면 별도로 월 7,800원을 내야 했다. 따지고 보면 유선방송으로 같이 묶였지만 태생이 달랐던 것이다.

케이블업계의 '액땜'은 여기에 그치지 않았다. 엎친 데 덮친 격으로 97년 IMF 한파가 불어 닥치면서 PP가 줄도산 위기에 몰렸다. CTN·기독교TV·다솜방송 등이 부도를 맞았다. 98년에는 YTN이 한전정보네트워크로 인수됐고 동아TV는 방송을 중단했다. 99년 동아TV는 인터파크에, DCN과 캐치원은 동양그룹에, 골프채널은 SBS에, 현대방송은 넥스트미디어로 각각 인수되는 우려곡절을 겪었다. 대우·동아·삼성·진로·현대 등 PP시장을 주도했던 대기업은 IMF 위기로 구조조정을 견디지 못하고 대부분 시장에서 철수했다. 이 때문에 케이블TV 출범 당시 허가받은 29개 PP 중에서 20개 사의 소유주와 대주주가 바뀌는 바뀌었다.

케이블TV가 중계 유선방송에 밀려 고전하자 새로운 출구를 위해 기존 중계 유선방송 사업자에 한해서 SO 전환 신청을 받아주었다. 97년 1차 SO전환 승인에 따라 33개 중계 유선방송 사업자가 SO로 전환했고 이어 2차로 8개 사업자가 추가로 승인되었다. 중계 유선방송 전성시대에 2,000여 개에 달했던 사업자 수는 2002년 638개, 2003년 408개, 2004년 299개 사로 크게 줄면서 점차 종합 유선방송 사업자 주도로 시장이 재편되었다.

대대적인 세제 혜택과 금융 지원도 이뤄졌다. 케이블TV에 대한 여론이 좋지 않은데다 자칫 정책 실패라는 부담감도 작용했다. 하지만 좀체 시청 가구 수는 늘지 않았다. 개국 다음해인 96년 말 150만을 넘어섰지만 유료 시청은 50만 4,748가구로 그쳤다. 전송망 설치율인

'홈 패스율Home Passed'이 당시 대상 가구 808만으로 전체의 72.6%에 도달한 상황을 감안하면 실망스런 숫자였다.

기대했던 가입률을 밑돌면서 경영은 급속하게 나빠졌다. 98년 국회 국정감사 자료에 따르면, 7월까지 사업자별 누적 적자는 PP 8,726억 원, SO 1,494억 원, NO 2,828억 원이었다. 총 1조 3,000억 원이 넘는 손실액이었다. 특히 PP의 경우는 97년에 이미 자본 잠식 상태에 빠져 있었다. 95년 광고 수주액도 총 광고시장의 1% 수준인 486억 원으로 새로운 광고 매체로서 입지 마련을 확신하기조차 어려웠다. 적자 배경으로는 볼 만한 프로그램 부족, 전송망 설치 부진, 가입률 저조 등이 꼽혔다. 인력 구조와 설비 등 거의 지상파 방송 수준을 갖춘 초기 투자도 부담이었다.

97년 IMF 외환 위기로 분위기는 더 우울했다. 고가 방송 장비 등을 차입에 들여온 케이블TV 사업자는 환율이 폭등하자 예기치 못한 금융비용 부담까지 떠안았다. 소비 심리 위축으로 가입자 감소로 이어졌고 기업 구조조정은 광고 시장을 얼어붙게 만들었다. 98년 광고 수주액은 전년도 대비 23.2% 감소해 945억 원 선에 그쳤다. 프로그램 수출은 36.4%, 부대사업 수입은 71.1%나 감소했다. 97년 프로그램 수입은 1만 7,112편에 1,839만 달러였는데 98년에는 8월말까지 891편 657만 달러로 급감했다. IMF 위기의 직격탄을 맞은 것이다.

홈 패스율이 올라가면서 망 사업자 경영도 악화됐다. 적자가 누적되는 상황에서 공기업 구조 개혁이 강도 높게 추진되자 한국전력은 97년 11월 전송망 부설 신규 투자를 중단하겠다고 발표했다. 한국통신도 채산성을 이유로 전송망 사업을 포기했다. 때문에 1차 SO는 가입자 확보가 어려워졌고, 2차 SO는 개국이 늦어져 직접적인 피해를 입게 되었다.

정부와 산업계의 노력, 싹 트는 희망가

정부는 급기야 사업 활성화를 위해 97년 중소 도시와 농어촌의 2차 SO 허가 대상 62개 구역을 24개로 재조정해 고시했다. 지역 특성상 사업권역을 광역화하지 않으면 사업성이 없다는 주장을 받아들인 것이다. 덕분에 SO 사업 구역 규모가 종전 10만 가구에서 20만 가구 내외로 커졌다. 1차 53개에 이어 2차 77개 SO 사업자가 확정돼 케이블TV 전국 네트워크도 마무리했다. 정부는 케이블 망 구축에도 적극 나서 2차로 20개 NO를 새로 지정했다. 한국통신, 한국전력, 데이콤, 삼양텔레콤 등 대기업과 성남네트워크, 안산유선방송 등 중계 유선방송 사업자가 새로 망설치 사업자로 임명장을 받았다.

법과 제도 개선에도 적극 나섰다. 일부에서는 케이블TV를 방송이라는 공공성, 공익성에 지나치게 초점을 맞춰 각종 규제가 늘어났고 이것이 사업 부진으로 이어졌다는 주장이 끊이지 않았다. 정부는 '방송의 기본 이념, 장기 발전계획, 관련 법과 제도 개선, 방송의 국제 경쟁력 제고와 영상산업 육성, 케이블TV와 위성방송 등 뉴미디어 발전, 방송기술 발전 방안' 등에 대해 전면적으로 검토하고 규제 완화를 골자로 99년 '종합유선방송법'을 통과시켰다. 케이블TV도입 체제 실패를 인정하고 대전환의 계기를 만든 처방이었다.

개정된 '종합유선방송법'에서는 SO의 자체적인 전송망 소유를 허용해 3분할 체제를 포기했다. SO가 자체적으로 전송 선로 시설을 설치하거나 NO 시설 또는 '전기통신기본법'상 기간통신 사업자의 설비 이용을 허용했다. '종합유선방송법 시행령'에서는 SO·PP·NO 간 상호 겸영용, MSOMultiple System Operator허용 조치도 취해졌다. SO는 PP의 20%, PP는 SO의 10%까지 지분 인수가 가능해졌고, NO도 SO 지분의 10%까지 소유할 수 있도록 했다. 이에 따라 그동안 유지해온 SO·PP·NO 3분할체제는 미국, 일본 등 선진국처럼 SO·PP의 2분할 체제로 바뀌었다. MSO와 MPPMultiple Program Provider 확대 등 자유 경쟁 시대의 도래를 알렸다.

PP도 허가제에서 등록제로 바뀌었다. 프로그램 사전 심의제도 폐지했다. PP의 일정비율 방송 프로그램 자체 제작 의무는 물론 외국 프로그램 작업자와 방송 프로그램 공동제작 시 요구했던 문화관광부 장관 승인 조항도 없앴다. 방송 프로그램 공급분야 지정 조항 역시 삭제되었다. 개정된 법은 또한 SO 및 보도채널을 제외한 PP 지분의 대기업과 외국인 소유를 33%로 확대했다.

유선방송법 개정으로 '채널 의무 전송 제도'가 폐지되고 '표준 이용 약관'도 사라졌다. 정부는 법 개정 전에는 SO의 자율적인 채널 구성을 제한하고 모든 PP를 의무 송출하도록 명시했다. 케이블TV 도입 초기 PP의 경영 안정과 시청자의 다양한 채널 접근을 보장하는 차원에서였다. 이 때문에 가입자에게 기본 1만 5,000원, 유료채널 7,800원의 단일 가격에 똑같은 서비스를 제공해 왔다. 이는 서비스 차별화 상품의 잠재 수요를 흡인하지 못하는 결과를 낳았다.

케이블TV업계도 대책 마련에 두 팔을 걷어 붙였다. 시청 가구 위주의 외형 성장 대신 유료 가구 중심의 내실 경영으로 사업 방향을 틀기 시작했다. 구조 조정에 주력하면서 장기 연체자 처리와 무료 시청자 철수 등 경영 내실화에 박차를 가했다.

수익성 있는 부가 서비스도 적극 발굴했다. 이 중 하나가 케이블TV망을 이용한 인터넷 서비스였다. 98년 5월 서울 종로·중구지역 SO인 중앙케이블비전과 강남의 서초종합유선방송이 두루넷과 협력해 '레인보우 서비스'를 시작했다. 레인보우는 최고 30Mbps급 고속 통신을 제공했다. 이는 당시 통신사업자의 대표 서비스였던 56Kbps급 모뎀 통신에 비해 60배가 빨라진 속도였다. 2000년에만 62만 6,748가구가 초고속 인터넷에 가입했으며 제공 SO 사업자도 2000년 6월 58개 사에서 2003년 6월 93개 사로 많아졌다.

이 결과 99년을 기점으로 SO업계의 경영 실적은 차츰 나아졌으며 PP 재무구조도 호전 기미를 보였다. SO 평균 당기순이익 1억 2,000만 원을 올려 손익분기점을 통과했다. 동작방송의 경우는 업계 최초로 99년 5월 코스닥에 상장해 희망의 불씨를 태웠다. 광고 매출액을 포함한 PP 전체 매출액도 98년 6,233억 원에서 99년 7,294억 원으로 1,000억여 원이 늘었다. 케이블 업계는 새로운 도약과 안정적인 성장 기틀을 위한 새천년으로 밀레니엄을 맞이할 수 있게 되었다.

– Tip –

홈쇼핑TV의 과거와 현재

'안방쇼핑' 대명사로 자리 잡은 홈쇼핑 채널은 가장 성공한 유료방송PP 모델로 꼽힌다. 홈쇼핑은 허가제다. 다른 PP채널이 등록제인데 반해 정부에서 라이선스를 받아야 홈쇼핑 사업이 가능하다. 출범 첫해인 95년 34억 원에 불과하던 매출은 IMF 외환 위기에도 성장세를 유지하며 2001년 1조 9,244억 원을 기록했다. 2010년 5조 원대를 찍고 줄곧 파죽지세로 커져 2017년 현재 9조 원대 규모를 자랑하고 있다.

케이블방송 개국 초기 한국홈쇼핑GS SHOP과 39쇼핑(CJ오쇼핑) 등 두 채널에서 2001년 연합홈쇼핑, 우리홈쇼핑, 한국농수산방송을 신규 사업자로 추가 선정하면서 다자간 경쟁구조로 바뀌었다. 2011년 6월 중소기업 제품 판로 확대와 소비자 권익 실현을 위한 중소기업중앙회 주도로 쇼핑원을 신규 채널로 선정했다. 쇼핑원은 2012년 홈앤쇼핑으로 정식 개국했다. 이어 2015년 추가로 중소기업청의 공영홈쇼핑인 '아임쇼핑'을 허가해 주면서 7개 홈쇼핑 체제로 재편됐다.

홈쇼핑TV는 대주주 부침에 따라 간판을 바꿔 달았다. 먼저 하이쇼핑채널 법인인 한국홈쇼핑은 97년 LG홈쇼핑으로 이름을 바꿨다가 2005년 GS홈쇼핑으로 다시 간판을 바꿔 달았다. 2009년 홈쇼핑 방송과 온라인쇼핑몰을 통합해 GS SHOP으로 운영 중이다. 홈쇼핑TVHSTV는 39쇼핑에서 2000년 3월 제일제당에 인수되면서 CJ39쇼핑으로, 제일제당이 CJ그룹으로 이름을 바뀌면서 2002년 CJ홈쇼핑으로 이름이 바뀌었다. CJ홈쇼핑은 다시 2009년 CJ오쇼핑으로 변경했다. 2001년 새로운 홈쇼핑 PP로 승인받았던 연합홈쇼핑은 그해 6월 현대홈쇼핑으로, 2003년 3월 한국농수산방송은 농수산홈쇼핑(NS홈쇼핑)으로 탈바꿈했다.

한국농수산방송은 농수산홈쇼핑으로 바뀐 뒤에 식품회사 하림이 지분을 인수했으며, 2010년 NS홈쇼핑으로 변경되었다. 우리홈쇼핑은 2006년에 롯데쇼핑이 인수했으며, 2007년 롯데홈쇼핑으로 명칭이 바뀌었다.

홈쇼핑은 국내 시장이 점차 성숙 단계에 이르자 해외로 눈을 돌렸다. CJ홈쇼핑은 2004년 4월 SMG와 합작해 중국 상해에서 '동방CJ'를 개국해 홈쇼핑 첫 해외 진출을 기록했다. 이후 GS홈쇼핑, 현대홈쇼핑, 롯데홈쇼핑 등이 연이어 해외로 진출하면서 홈쇼핑 수출 시대를 열었다. 중국 대륙을 지나서 일본은 물론, 대만, 베트남, 태국, 터키, 필리핀, 인도네시아, 말레이시아 등에 홈쇼핑이 잇달아 상륙했다. 특유의 빠른 서비스와 신뢰성을 토대로 글로벌 네트워크를 구축한 홈쇼핑은 역동적 모델로 해외 소비자들의 주목을 끌면서 새로운 홈쇼핑TV 표준으로 자리를 잡았다. 그야말로 홈쇼핑 한류 바람을 불러 일으켰다.

국내 홈쇼핑시장은 2012년을 정점으로 둔화 추세다. 전체 시장 규모는 조금씩 커지고는 있지만, 성장 폭이 크게 위축됐다. 2015년에는 역성장하기도 했다. 이듬해 다시 증가세로 돌아섰지만 2%대에 머물러 한때 20%를 넘나들던 성장률은 보기 힘들게 됐다.

홈쇼핑TV는 주춤한 대신에 그 자리를 온라인, 모바일, T커머스 등 새로운 플랫폼이 대체해 가고 있다. 당장 기존 TV홈쇼핑과 달리 생방송은 못하지만 인터넷TV를 이용해 상품검색·구매·결제가 가능한 양방향 데이터홈쇼핑인 T커머스는 현재 10개 사업자가 경쟁중이다.

무한채널 경쟁 시대
(2000~2004년)

03

통합방송법 제정과 1000만 가입자 시대

99년 12월말 '통합방송법'이 국회 본회의 표결을 통과했다. 입법 예고한 시점부터 4년 3개월 만이었다. 통합방송법 처리가 늦어지면서 종합유선방송법을 부분 개정하는 등 과도기적 상황이 불가피했다. 2000년 3월부터 시행된 통합방송법은 다매체와 다채널 시대에 맞는 방송 산업 전반을 아우르는 법적 틀을 갖춰 주자는 게 제정 배경이었다. 아울러 앞서 개정된 종합유선방송법 내용을 보다 확대하고 구체화했다.

먼저 이전 방송법에서 금지했던 사업자간 수평·수직적 결합을 일정 선에서 허용했다. PP와 SO 두 사업자끼리 소유하거나 상호 겸업이 가능해졌다. 초기 시장 안착을 위해 추진했던 '한국형 케이블TV 3분할 체제'를 사실상 포기한 것이다. 1개 사업자가 전체 매출의 33%를 넘기지 않는 선에서 여러 개 PP를 소유할 수 있는

'MPPMultiple Program Provider'를 허용했다. 여러 SO를 거느릴 수 있는 'MSOMultiple System Operator'도 1개 SO가 전체 매출액의 33% 이내와 전체 SO 구역의 20%를 초과하지 않는 한에서 얼마든지 인수합병이 가능하도록 했다. 또 SO가 전체 PP의 20%까지, PP도 전체 SO의 10%까지 소유할 수 있도록 완화했다. 규모의 경제를 구현할 수 있는 여건을 조성해 준 것이다.

PP도 2001년부터 허가제에서 '종합편성·보도·홈쇼핑, 선교 목적의 종교' 분야 이외를 제외한 나머지는 모두 등록제로 전환했다. 자본금 5억 원과 주조정실·부조정실·종합편집실·송출 시설 등 일정한 방송 시설을 갖춘 법인이면 누구나 등록이 가능해졌다. PP 지위도 종전 '프로그램 공급자'에서 '방송채널사용 사업자'로 바뀌었다. 외국 자본에게도 '종합편성·보도' 분야 이외 PP와 SO에 33%씩 참여할 수 있도록 문호를 열었다. 보도 전문편성을 제외한 PP는 지상파방송 사업자, 위성방송 사업자의 겸영을 100% 허용했다. 케이블 방송은 물론 지상파방송, 위성방송, 중계유선방송 등에도 프로그램을 공급할 수 있는 법적 근거가 마련된 셈이다.

PP업계는 본격적인 규모의 경쟁 체제로 돌아섰다. 중앙일보는 삼성영상사업단 Q채널을 인수하고 PP사업에 진출했다. 일간신문으로는 처음이었다. 동양그룹은 투니버스와 바둑TV, 영화채널 OCN, 캐치원을 인수해 온미디어를 설립해 가장 먼저 대표 MPP 사업자로 등극했다. Mnet과 드라마넷을 가진 제일제당도 39쇼핑을 인수해 3개 채널을 가진 MPP가 되었다. SBS 에 이어 KBS와 MBC까지 합류해 지상파방송 3사 계열 모두 MPP 체제를 갖췄다. 2004년에는 Mnet을 운영 중인 CJ미디어가 국내 2위 음악채널 KMTV를 인수해 음악시장을 장악하고 DIY채널도 편입해 XTM으로 장르를 변경했다. 이로써 MPP업계는 CJ미디어와 온미디어, 지상파방송 3사 계열의 경쟁 구조를 유지했다.

SO업계도 상황은 마찬가지였다. 통합방송법으로 다수의 MSO가 등장했다. 조선무역 MSO가 씨앤앰으로 이름을 바꾼데 이어 대호건설 MSO가 현대백화점 계열로 인수되었다. 온미디어가 5개 SO를 소유한 MSO로 진입했고, 큐릭스로 사명을 교체한 미래케이블TV는 6개 SO을 늘렸다. CJ그룹도 서울 양천방송과 경남 경남방송·마산방송·가야방송,부산 중부산방송 등 5개 SO를 통합하고 CJ케이블넷(현 CJ헬로비전)을 출범시켰다. 태광그룹도 한빛아이앤비를 인수해 국내 최대 MSO로 떠올랐다.

MSPMultiple System Operator and Program Provider를 위한 수직적 결합도 이루어졌다. MSP는 SO 채널 선택권 보장을 위해 주로 PP가 주도했다. PP가 SO를 인수하거나 SO와 제휴하는 형태였다. 온미디어는 영동방송을 비롯한 5개 SO 인수와 투자를 통해 MPP가 MSO를 운영하는 대표적 MSP 사례를 만들었다.

규제 완화 영향인지 케이블TV 가입자도 급증했다. 2001년 3월 가입자는 327만 5,000여 가구였다. 3차 SO로 전환 승인받은 중계 유선방송 사업자 가입자를 합치면 584만 4,118가구에 달했다. 당시 중계유선방송이 506만 2,000여 가구였으니 처음으로 이를 넘어섰다. 드디어 2003년 6월말 1,026만 9,434가구로 ‘,1000만 가입자 시대’를 열었다. 이는 1,600여 만 대상 가구의 63.9%에 달해, 케이블TV가

보편적 국민 서비스로 자리를 잡았음을 보여주었다.

디지털 케이블TV와 '지상파 대항마'

규모의 경제를 갖춘 케이블TV는 2000년을 기점으로 서서히 '디지털'로 갈아타는 작업에 착수했다. 99년 8월 '디지털 유선방송연구반'을 구성해 디지털화를 위한 첫 발을 내디뎠다. 선진국에서는 지상파 방송 보다 위성방송과 케이블TV 디지털화가 먼저 이루어졌는데 우리는 사정이 달랐다. 위성과 지상파 방송의 디지털화가 빨랐다. 케이블TV가 많은 비용이 드는 디지털에 투자를 꺼려했기 때문이다.

하지만 미룰 수 없는 과제였다. 당시 지상파방송은 이미 '디지털 지상파TV 조기방송종합계획'에 의해 발 빠르게 일정을 내놓았고, 디지털 위성방송은 시험 방송 중이었다. 국내 TV수신자 중 상당수가 지상파방송을 케이블TV로 시청하는 상황에서 디지털방송 실현을 위한 선결 과제는 케이블TV 디지털화였다. 뿐만 아니라 다른 매체와 경쟁력, 가입자망 고도화를 위해서도 꼭 필요했다.

연구반에 이어 출범한 '디지털 유선방송추진반'은 디지털 케이블방송 표준 방식과 기술 검토, 도입을 위한 고려 요소와 지원 방안, 법·제도 개선 방안 등을 종합적으로 검토했다. 이듬해 4월 정식 표준을 미국 '오픈케이블Open Cable' 방식으로 가닥을 잡았다. 오픈케이블은 셋톱박스를 동일한 표준으로 제작하고 해당 지역 사업자가 수신용 케이블카드만 임대 사용하는 형태로 처음 제안한 미국에서도 개념만 나온 상태였다. 표준 확정 이후 2005년 CJ케이블넷 양천방송이 세계에서 처음으로 오픈케이블 방식 상용화에 성공했다. '헬로D Hello Digital'라는 브랜드로 고화질·고음질·다채널 서비스를 제공하여 디지털 케이블TV 방송기준을 마련했다. 비디오채널 100여 개, 오디오 전문채널 30개, VOD뿐만 아니라 10개의 독립 데이터방송과 2개의 연동형 데이터방송 등을 제공했다.

케이블TV업계도 힘을 보태 수도권과 광역시권 24개 지역 디지털화를 담당할 '한국 디지털케이블TV 미디어센터 KDMC'가 출범했다. KDMC에는 46개 SO가 참여했다.

PP 중에서는 MBN(매일경제TV)이 방송시스템을 처음으로 100% 디지털화했고, Mnet이 송출 시설을 모두 디지털로 전환해 디지털화에 시동을 걸었다. PP업계는 2001년에만 디지털시설 장비에 쏟아 부은 투자액은 총 964억 원에 달했다. CJ미디어는 2004년 큐릭스 소유 SO 가입 가구를 대상으로 디지털 케이블방송 PPV 서비스 'CGV 초이스'를 시작했다. 이어 씨앤앰이 최초로 SO 지역채널을 디지털 전환해 자체 프로그램을 SD급 디지털방송으로 제작, 송출했다.

디지털화, 가입자 증가, 콘텐츠 경쟁력에 힘입어 케이블TV는 지상파방송의 경쟁 매체로서 자리 잡아 나갔다. 시청률과 시청점유율이 증가 추세에 돌아섰다. 반면에 지상파방송은 정체 내지 하락했다. AGB닐슨미디어리서치 조사에 따르면 케이블TV 시청률은 2001년 8.6%, 2002년 9.9%, 2003년 11.9%, 2004년 13.2%로 나타나 매년 1.3~2%의 성장을 이뤘다.

한국방송광고공사 '2004년 케이블TV 동향 분석' 보고서에서는 2001년부터 2004년까지 가구 당 일일 평균 시청시간은 지상파TV는

5시간 30분대에서 정체된 반면, 케이블TV는 39분에 불과했다가 4년 만에 2시간 13분으로 늘어났다. 케이블TV 프라임 타임대도 일상생활 시간대 전반으로 넓어지고 피크Peak시 시청률도 큰 폭으로 뛰었다.

급기야 2003년 12월 Q채널의 '민족과학 대발견—과학의 나라, 5000년의 비밀'은 케이블TV 프로그램으로는 첫 방송위원회 '올해의 좋은 프로그램' 대상을 받았다. 지상파방송 프로그램을 능가하는 케이블TV 제작 능력을 보여준 것으로 달라진 위상을 짐작케 했다.

경영 상태도 좋아졌다. PP업계 매출액은 2000년 1조 3,289억 원에 이어 2001년 2조 4,595억 원으로 상승세로 돌아섰다. 2001년 홈쇼핑을 제외한 일반 PP 매출은 97년과 비교해 약 2배 증가한 5,047억 원이었다. 2002년 매출도 총 4조 9,277억 원으로 2001년보다 배를 넘게 증가했다. 홈쇼핑 PP 상품 수입이 2001년 대비 2조 2,421억 원이나 대폭 늘어난 것이 결정적이었지만 수신료·광고비·비영리사업·기타사업 등의 수입도 많이 상승했다. 홈쇼핑 포함 PP 전체 자산 규모는 2000년 1조 1,751억 원, 2001년 1조 6,342억 원으로 커졌다.

SO업계도 마찬가지였다. 2000년 전체 자산은 7,687억 원, 자본금은 4,532억 원, 부채는 3,156억 원 규모였다. 3년 동안 자산과 자본금 규모가 각각 132%와 355% 신장했고, 부채 규모 증가율은 36%에 머물렀다. 재무 상태도 안정 기조를 유지했다. 전체 매출은 2000년까지 완만한 성장 곡선을 그렸다. 2001년에는 통합방송법 제정에 의한 규제 완화, 사업자 수 증가 등으로 5,479억 원을 올렸다. 2002년 매출은 7,887억 원으로 전년 대비 2,408억 원 증가한 규모였다. 당기순이익은 전년 393억 원에서 317억 원 늘어난 710억 원에 이르렀다.

2003년 드디어 '매출 1조 원 시대'를 열었다. 전년 대비 36.3% 증가한 1조 750억 원으로 1조 원을 돌파했다. 흑자를 보인 사업자는 전년 44개 사에서 79개 사로 늘어 전체 119개 중 66.4%의 비율이었다. 대부분 사업자가 2004년을 기준으로 흑자 경영으로 전환에 성공했다.

– Tip –

디지털 위성방송 '스카이라이프'

스카이라이프는 한국디지털위성방송KDB이 2002년 3월1일 개국한 위성방송이다. 국내에서 유일하다. 2010년 4월 KT로 편입돼 2011년 3월 'KT스카이라이프'로 변경했다. 위성방송은 지상에서 전송한 방송신호를 지구에서 3만 6,70km 떨어진 정지궤도 위성을 이용해 지상의 수신안테나에 재전송해 수신하는 방송 형태다. 디지털 위성방송은 100% 디지털 방식이며 다채널, 쌍방향, 광역화, 고화질 등이 특징이다.

국내 위성방송은 95년 닻이 올랐다. 95년 8월과 96년 1월 무궁화위성 1·2호기가 연달아 궤도에 올라갔다. 하지만 본방송은 2000년 제정된 '통합방송법' 이후로 미뤄졌다. 2000년 인가를 받아 처음에는 표준화질인 SD급 방송으로 출발해 2003년 9월 고화질 HD급 방송서비스로 2005년 2월부터는 지상파 재송신 방송을 시작했다. 사업 초기 가입자 53만 6,000가구를 확보했으며 첫해 매출 635억 원을 올렸다.

스카이라이프는 지상파 채널, 홈쇼핑, CN와 NHK 등 외국방송 채널, 영화 뉴스 스포츠 음악 오락 교육 다큐멘터리 등 전문채널, 보고 싶은 프로그램만 골라서 유료로 시청할 수 있는 PPVPay per View채널, 31개 오디오채널 등을 포함하여 2016년 기준 모두 212개 채널로 구성돼 있다.

010년 1월 세계 최초 24시간 3D 전문채널인 'Sky3D'를 시작했다. 2014년 6월 24시간 UHD 전용 채널인 'SkyUHD'를 개국했으며 같은 해 100% HD 플랫폼으로 전환했다. 2014년 기준 스카이라이프 가입자는 427만 명이고 HD 채널은 137개다.

디지털 케이블 선언과 도약기
(2005년~2011년)

04

케이블TV 10년, 디지털 원년 선언

케이블TV는 2005년 개국 10주년을 맞았다. 10살을 맞는 케이블TV업계의 화두는 '디지털'이었다. '케이블 10년, 디지털 원년'을 슬로건으로 내걸고 디지털 원년을 선언했다. 디지털화를 추진한 배경은 고품질 방송 서비스가 가능하기 때문이다. 디지털 기술을 상용화하면 전송로의 잡음과 인접 채널 간섭이 현저하게 줄면서 신호의 품질을 높일 수 있다. 영상이든 음성이든 관계없이 신호의 형식이 같아져 융통성 있는 시스템을 구성하고 서비스 형태나 장비 통합이 손쉬워 고기능의 방송 서비스가 가능하다.

제일 먼저 착수한 사업이 디지털 서비스를 위한 시설 투자였다. 2001년부터 2005년까지 제작과 송출 장비, 전송망 고도화, 컨버터, 부대 장비를 비롯해 시설 자동화, 노후교체, 보강, 기타 등 디지털화에 총 1조 1,201억여 원을 투자했다. 2005년 2월 CJ케이블넷에 이어

7월 강남케이블TV가 본방송을 시작했다. HCN도 서울 서초·동작, 충북 청주시 등에서 시범 서비스에 착수했다.

케이블TV업계에 디지털 방송은 지상과제였다. 이미 지상파방송이 2012년 아날로그 방송을 종료하고 디지털로 전환을 완료했고, 위성방송과 IPTV는 출발부터 디지털이어서 아날로그방송이 주력이었던 케이블TV는 더 이상 미룰 수 없는 숙제였다. 디지털 전환이 이루어지지 않으면 아날로그와 디지털방송 동시 송출로 주파수 대역을 비효율적으로 사용할 수밖에 없었다. 수익성도 디지털 가입자가 훨씬 좋았다. 아날로그 가입자에 비해 1인당 평균 매출이 세 배 가량 높았다.

그럼에도 디지털 전환은 좀처럼 속도가 붙지 못했다. 2005년 말 기준으로 5만 가구를 밑돌았다. 새해 초에 목표였던 34만 가구에 훨씬 미달하는 수치였다. 가격이 걸림돌이었다. 기존 아날로그 상품과 무려 4배 이상 차이가 났다. 여기에 디지털 초창기 표준화면SD급 화면은 아날로그 방송과 비교해 화질 면에서 별 다른 차이를 느끼지 못했다.

케이블TV업계는 먼저 망 고도화에 집중해 2006년까지 81개 SO가 디지털 케이블TV 전 지역에 자체 망을 갖췄다. 광대역 통합 망 사업에도 발을 담갔다. 케이블BcN 연합체를 구성해 해 2004년 광대역 통합 망BcN사업에 도전장을 던졌다. 케이블 업계가 힘을 합쳐 국책사업에 뛰어들기는 처음이었다. BcN은 방송·통신·인터넷이 융합된 멀티미디어 서비스를 언제 어디서나 자유롭게 이용할 수 있는 차세대 통합 네트워크다. 정부는 유·무선망 모두 100Mbps 이상 속도를 구현한다는 목표로 추진했다.

연합체는 비록 시범사업 공모에서는 탈락했지만 우여곡절 끝에 추가로 선정되는 행운을 얻었다. 2006년 5월부터 2007년 12월까지 2단계 BcN 시범사업을 통해 차세대 망 구축과 운용 노하우를 습득했다. 주관사업자는 씨앤앰이었으며, 공동 주관기관은 티브로드·CJ케이블넷·HCN과 개별 SO인 KCTV제주방송, KDMC, 큐릭스 등 4개 DMC가 참여했다. 참여업체와 기관만도 170개를 넘었다.

대국민 캠페인에도 두 팔을 걷어 붙였다. 2007년을 '디지털 케이블TV 확산의 해'로 정하고 총력 체제로 돌입했다. 100억 원 규모의 'DV' 공동 마케팅을 펼쳤다. DV란 'Digital Video'를 의미하는 디지털 케이블TV 공동 브랜드이다. 덕분에 디지털 인지도가 높아졌고 서비스 내용도 '180도'로 달라졌다. 고화질 HD채널을 늘리고 셋톱박스에 내장된 하드디스크에 프로그램을 녹화하는 개인비디오 레코더PVR 기능을 도입하고 초고속 인터넷 서비스와 영화, 음악, 게임, VOD, 온라인 교육, 보안 등 다양한 부가 서비스도 제공했다. 이 결과 상용서비스 이후 2년 3개월 만인 2007년 5월 50만 가입자에서 이듬해 2월 100만 가입자를 달성했다. 다시 1년 뒤 200만, 2년 뒤 400만 가입자를 넘어서는 등 기하급수적으로 늘어났다. 400만 가입자는 1,500만 가입 가구 중 40%에 육박하는 디지털 전환 비율이었다.

휴대용 디지털 방송도 등장했다. 이동형 멀티미디어 방송DMB 서비스가 시작돼 관심을 모았다. SK텔레콤 자회사 TU미디어는 2005년 5월 휴대폰을 이용한 세계 첫 위성DMB 상용 서비스를 시작했다. 이어 12월 지상파를 중심으로 지상파DMB도 닻을 올렸다. 위성DMB와 지상파DMB는 모두 모바일 디지털 방송이지만 유료와 무료라는 점에서 근본적으로 달랐다. 위성DMB는 가입자에게 위성신호로 영상을 서비스해 케이블TV, 디지털 위성방송과 같은 유료 방송을 표방했다. 반면에 지상파DMB는 지상파 주파수를 이용해 지상파방송 프로그램을 실시간 제공하는 보편적 무료 서비스였다. TU미디어는 일본 MBCo와 공동으로 세계 첫 DMB전용 위성을 발사하는 등 사업 활성화에 두 팔을 걷어붙였지만 방송위원회로부터 지상파방송 재송신 불허 결정이 내려진데다 단말기 가격이 비싸 어려움을 겪었다.

디지털 망 구축과 맞물려 인터넷전화 사업에도 도전장을 내밀었다. 2005년 '범 SO VoIP 사업추진계획'을 발표했다. 태광산업·큐릭스·씨앤앰 등 18개 SO가 자본금 120억 원을 출자해 KCT를 설립해 기간통신사업 허가서를 교부받았다. KCT는 2007년 국내 첫 '리얼' TPSTriple Play Service 전화서비스를, 2008년 케이블 VoIP 가입자 전용 무선 단말기를 출시했다.

방송 · 통신 융합 신호탄 'IPTV'

디지털 기술은 방송과 통신 경계를 모호하게 만들었다. 영상, 음성, 데이터와 같은 전통적인 방식으로 미디어를 구분하는 게 의미가 없어졌다. 음성과 데이터, 영상과 멀티미디어 등 모든 형태의 정보를 디지털화해 동시에 전달할 수 있게 되었기 때문이다. 서비스에도 혁신이 일어났다. 디지털망이 자리 잡으면서 방송망으로 통신서비스를 제공하고 통신망으로 방송 콘텐츠를 전송할 수 있게 되었다. 방송과 통신 영역이 중첩되면서 통신인지, 방송인지 판단하기 어려운 서비스가 등장했다. 대표 서비스가 'IPTVInternet Protocol Television'다.

2008년 정식서비스를 시작했지만 통신사업자는 2005년부터 방송·통신 융합매체로 이를 준비했다. IPTV는 케이블TV와 유사한 경쟁 플랫폼이었다. 겉으로 보기에는 케이블 대신에 초고속 인터넷망으로 방송 프로그램, 동영상 콘텐츠, 정보서비스를 보내 주는 차이였다. 하지만 한 꺼풀 뒤집어 보면 디지털 케이블TV에 비해 명백한 경쟁력을 가지고 있었다. 기본적으로 방송과 통신을 아우르는 융합 서비스를 제공하는 '전국' 사업자였다. 기존 방송 프로그램은 물론 프로그램 관련 정보도 제공할 수 있었다. TV를 통해 날씨와 교통 등 생활정보와 인터넷뿐 아니라 전자상거래까지 제공한다. 통신서비스로 SMS, 메신저, 영상전화 서비스가 가능하고 방송 서비스로 일반 방송 프로그램을 전송한다. 가입자 입장에서는 일석이조인 셈이었다. 케이블TV업체는 도저히 용납할 수 없는 경쟁 서비스였다.

이 때문에 준비 단계부터 논란에 휩싸였다. 핵심은 '공정경쟁' 문제였다. 방송과 통신은 상이한 패러다임에 따라 움직이는 영역이다. 융합서비스인 IPTV가 시행되면서 케이블TV와 공정 경쟁 문제가 제기된 것은 당연한 일이었다. 동일한 서비스지만 서비스 주체와 분류에 따라 서로 다른 규제를 받는 상황이었기 때문이다.

그러나 케이블TV진영의 강력한 반대에도 허용 쪽으로 가닥이 잡혔다. 2006년 7월 하나로텔레콤(현 SK브로드밴드)은 초고속 인터넷망과 IP 셋톱박스를 통한 VOD 방식의 TV 포털서비스 '하나TV'를 강행했다. 다시 논란이 불거졌지만 통신사업자는 방송과 통신의 상호진입 불평등 문제를 제기하며 IPTV 허용을 요구했다. 관련 법 조항이 미비하자 정부는 KT가 2005년 계획을 발표한 지 3년 만인 2007년

12월 '인터넷 멀티미디어 방송사업법'를 의결하면서 서비스를 공식화했다.

IPTV 근거법은 방송위원회의 '방송법'이냐, 정보통신부의 '통신법'이냐 진통 속에 결국 방송·통신의 두 산업을 통합 관장할 수 있는 방송통신위원회가 구성되고 일명 'IPTV법'으로 일컫는 '인터넷 멀티미디어 방송사업법'으로 가닥이 잡혔다. 법 작업이 끝나자 2008년 9월 KT, SK브로드밴드(하나로텔레콤), LG데이콤이 사업자 허가를 취득했고 11월부터 순차적으로 KT '메가TV' SK브로드밴드 '브로드앤TV' LG데이콤 myLGtv 등이 순차적으로 시작하면서 'IPTV 삼국지' 체제를 구축했다.

본격적인 IPTV 시대는 2008년 KT '메가TV라이브'가 열었다. 즈음해서 지상파방송 3사와 재송신 협상 타결로 실시간 지상파TV시청도 가능해졌다. 시장이 무르익으면서 가입자 유치를 위한 저가 경쟁도 불 붙었다. KT 메가TV라이브가 월 1만 6,000원에 기본형 상품을 내놓은 지 불과 6개월 만에 LG데이콤이 1만 3,000만원 상품을 내놓을 정도였다. VOD와 함께 통신상품을 결합할 수 있다는 강점을 활용한 파격적인 상품이 나왔다. 결합 상품에 각종 할인 행사가 이어졌고 각 대리점에서는 가입할 때 20~40만 원에 달하는 현금이벤트 경쟁까지 벌어졌다. 공격적인 IPTV 마케팅에 케이블TV요금도 추락했다. 출혈 경쟁은 심해지면서 방송 설비와 콘텐츠 투자에 악영향을 끼칠 수 있다는 우려까지 나왔다.

가입자 확보 경쟁에 힘입어 IPTV는 2009년 10월 100만, 2010년 4월 200만, 2010년 12월 300만, 2011년 6월 400만 가입자를 돌파하며 파죽지세로 성장했다. 반면 케이블TV는 2009년 6월말 1,530만 가구가 정점이었다. 이를 기점으로 가입자 수는 1년 만에 1,500만 가구 이하로 떨어지는 등 고전을 면치 못했다. 2010년은 유료 방송시장에서 케이블TV와 IPTV 성장이 극명하게 갈렸다. 케이블TV는 6.7%의 한 자릿수 성장에 그쳤지만 IPTV는 83%로 급성장했다. 이는 유료방송 시장에 신규 플랫폼이 추가되면 기존 가입자를 뺏기 위한 '제로섬 경쟁'이 치열했음을 보여 준다.

케이블TV는 불만이었지만 소비자 입장에서는 플랫폼 경쟁으로 더 싼 가격의 서비스를 받을 수 있어 환영했다. 산업적인 측면에서도 케이블TV 독주에서 위성방송에 이은 새로운 유료 방송 플랫폼이 등장하면서 다자간 경쟁체제가 조성되고 미디어 융합이 더욱 가속화할 수 있는 여건이 만들어졌다.

IPTV 등장에 이어 공시청망 이용 위성방송SMATV 등 융합서비스까지 나오면서 케이블업계는 사면초가 상황에 빠졌다. SMATV는 방송통신 융합 서비스로 위성방송용 소형 안테나 설치가 불가능한 지역을 대상으로 전화국 등 대형 국사에서 위성 신호를 받아 이를 가정까지 유선으로 재전송해 주는 기술 방식이다. KT스카이라이프가 제안했으며 방송통신위원회 출범 이전인 2007년 9월 정보통신부가 '텔레비전 공동 시청 안테나 시설 등의 설치기준 등에 관한 규칙'을 개정해 SMATV 설치를 허용했다. 케이블TV업계는 "스카이라이프 대주주인 KT가 통신망에 이어 유선방송망까지 장악할 수 있게 하는 엄청난 특혜"라며 강력 반발했으나 중과부적이었다.

'마의 2%를 넘어라' 콘텐츠 사업자의 반란

케이블TV의 아킬레스건은 콘텐츠였다. 2000년대 중반까지 케이블TV 프로그램 시청률은 채 2%를 넘지 못했다. '마魔의 2%'라는 자괴감이 컸다. 주요PP는 콘텐츠가 경쟁력이라는 판단에서 2006년을 기점으로 경쟁적으로 자체 제작을 확대해 나갔다. 투니버스가 26부작으로 제작한 '에일리언 샘'이 평균 4% 시청률을 기록하는 성과를 거뒀다. 이 작품은 2007년 제1회 케이블TV 대상 수상작으로 선정됐다. OCN의 '가족연애사 2'와 MBC드라마넷의 '빌리진날 봐요'는 각각 2.3%와 2.1% 시청률로 가능성을 보였다. '막 돼 먹은 영애씨'와 '별순검' '정조암살 미스터리 8일' '메디컬 기방 영화관' 등도 지상파 프로그램과 차별화해 드라마의 지평을 넓혔다는 평가를 받았다.

그 후에도 Mnet의 '슈퍼스타K' tvN의 '코미디 빅리그' 등이 인기몰이에 성공했다. 2013년 '응답하라 1994'로 시청률 7%를 넘나들었고 JTBC의 '무자식 상팔자'는 최고시청률이 13%에 달했다. 특히 2009년 '슈퍼스타K'는 AGB닐슨미디어 조사 7.47%, TNS미디어 조사 5.58%의 시청률로 케이블TV 사상 최고의 기록을 경신했다. 이어 제작한 '슈퍼스타K2'는 최종 시청률 18.1%로 대성공을 거뒀다.

실제로 케이블TV협회가 조사한 자료에 따르면 자체 제작 프로그램은 2006년 1,317회에서 2008년 1,907회로 크게 늘었다. 자체 프로그램을 위한 제작비도 2006년부터 2009년까지 2,000억 원대에서 오르내리다가 2010년에는 3,654억 원으로 확대되었다. 과감한 제작 투자 덕분에 지상파방송에 버금가는 시청률을 기록하는 케이블TV 프로그램을 탄생시켰던 것이다.

지상파방송이 케이블TV 프로그램을 모방하는 사례도 등장했다. 시즌제 드라마 트렌드를 보여준 MBC드라마넷의 '별순검 3'은 3D 기법을 활용한 제작으로 화제를 불러왔다. 2011년 자체 제작 프로그램 수는 전년 대비 1만 9,000여 편이 더 늘었다.

이는 PP채널 편성 전략에도 변화를 주었다. 심야 시간대가 아닌 다양한 시간대를 활용해 지상파 프로그램과 경쟁할 수 있다는 분위기가 만들어졌다. 지상파방송 프로그램과 장르가 같은 킬러 콘텐츠일 경우는 같은 시간대에 편성하는 자신감을 내보였다. 시리즈물을 연속으로 편성하는 과감성도 지상파 방송과 차별화하는 전략이었다. 본방에서 뿐 만 아니라 VOD시장에서도 케이블TV 콘텐츠가 지상파방송 프로그램을 앞서는 사례가 등장했다.

이와 함께 글로벌 경쟁력을 갖춘 콘텐츠 생산의 토대가 마련돼 포맷 수출 등에서도 결실을 맺었다. 2014년 tvN '꽃보다 할배'는 우리나라 예능 프로그램 최초로 미국 지상파방송 NBC에 판매됐다. NBC는 미국판 '꽃보다 할배'를 'Better Late than Never(더 늦기 전에)'라는 제목으로 제작해 방영했다. tvN은 이 외에도 네덜란드에 '더 지니어스'를 판매했고, 중국 등지에 '슈퍼스타K' '슈퍼디바' '더 로맨틱'과 같은 프로그램 포맷을 수출했다.

PP가 자체 제작을 확대한 배경은 유료 방송시장 성장 덕분에 재정능력이 확대됐고 매체와 채널 증가에 따른 콘텐츠 수요 증가했기 때문이다. 여기에 한·미 FTA로 인한 PP시장 개방 대응, 채널 브랜드 이미지 구축 필요성, 장기적 경쟁 역량 강화 등이 주요 요인이었다.

결과적으로 경쟁력 있는 콘텐츠는 케이블TV를 전략적 광고 매체로 부상시키는 원동력이 되었다. 과거 케이블TV가 매체력에 비해서 광고 측면에서는 보조 역할에 머물러 있다는 굴레에서 벗어났다. 광고 매출이 눈에 띄게 성장했고 케이블TV 전용광고의 증가 현상이 뚜렷했다. 이와 맞물려 디지털 전환이라는 환경 변화에 더해진 광고 사전 심의제 폐지를 비롯한 광고제도의 전반적 규제 완화 흐름은 케이블TV광고 시장의 도약대가 되었다.

실제로 2008년 전체 광고주 3,915개 기업 가운데 케이블TV와 지상파방송에 광고를 공동 집행한 기업은 2,285개 사였다. 케이블TV에만 집행한 광고주 수는 825개 사였는데 이는 지상파에만 집행한 광고주 수와 같았다. 2002년 대비 2008년 기준으로 볼 때 케이블TV를 보조 매체로 활용한 광고주는 41%인 반면, 케이블TV 단독 집행 광고주는 600%나 늘었다. 급기야 2010년 PP는 광고 매출액 9,862억 원을 달성해 SO 지역채널 광고 매출액을 더하면 케이블TV 광고 매출액은 1조 원을 넘어섰다. 케이블TV PP는 2011년에 광고 매출액 1조 2,215억 원을 기록하며 명실상부한 '광고 매출 1조 원 시대'가 열렸다.

종합편성채널의 등장과 케이블TV '성장통'

2017년 조기 대통령 선거의 주역은 종편이었다. JTBC에서 시작한 최순실 농단 사태가 결국 대통령 탄핵으로 이어졌고 조기에 대선을 치루는 사상초유의 사태가 벌어졌다. 이후에도 JTBC를 비롯한 종합편성 채널은 민감한 정치적인 이슈를 정면에서 다루면서 지상파TV

와 신문 매체 중심의 여론을 다양화하는데 일조했다. 하지만 일각에서는 '황색언론'이라는 비판이 나올 정도로 선정적이고 자극적인 내용 위주로 흐르면서 오히려 저널리즘을 훼손하고 있다는 주장도 팽팽히 맞서고 있다.

논란의 중심에 서 있는 종편PP 채널 도입은 이명박 정부가 출범한 2008년으로 거슬러 올라간다. 그 해 5월 '인터넷 멀티미디어방송 사업법 시행령' 제정과 '방송법 시행령' 개정안을 논의하면서 구체화했다. 시행령 제정은 그동안 규제에 묶여 있던 종합편성PP, 보도 전문 PP 등 여론시장에 대한 대기업 진출을 사실상 허용한다는 게 골자였다. '신문·방송 교차 소유'와 '겸영 허용'을 정책적으로 보장했다.

당시 한나라당도 연내에 '신문·방송 겸영'이 가능하도록 미디어 관련법을 개정하겠다고 나섰다. 같은 해 11월에는 정보통신정책연구원 주최로 종합편성채널 관련 토론회가 열렸다. 중앙일보는 일간스포츠를 통해 터너브로드캐스팅과 합작을 추진한다고 발표했다. 외국계 방송사와의 합작을 통한 '방송사업 진출 선언'이었다. 한나라당이 제출한 미디어 관련 법안은 2009년 7월에 여야 대립 속에서 국회부의장 직권상정으로 국회 본회의를 통과했다.

방송통신위원회는 같은 해 5월 종합편성 PP 선정 일정을 발표했고, 8월에는 '기본 심사계획안'을 공개했으며, 9월 전체 회의를 통해 이를 확정했다. 심사 계획에 따르면 사업자 선정 방식은 절대 평가이며, 최소 납입 자본금은 종합편성 PP가 3,000억 원, 보도전문 PP가 400억 원으로 결정되었다.

방송통신위원회가 12월 승인 신청을 마감한 결과, 종합편성 PP에는 조선일보, 중앙일보, 동아일보, 매일경제, 한국경제와 MSO인 티브로드를 운영하는 태광산업의 6개 사, 신규 보도 전문 PP로는 그보다 한 곳 적은 5개 사가 접수했다. 이 중에서 조선일보, 중앙일보, 동아일보, 매일경제가 종합편성 PP로, 연합뉴스는 보도 전문 PP에 선정되었다. 2011년 상반기에 조선일보의 TV조선, 중앙일보의 JTBC, 동아일보의 채널A, 매일경제의 MBS(현 MBN)는 승인장을 교부받았으며 12월 1일 개국했다. 개국 직전까지 정치적 갈등 양상 속에서 의무 전송과 24시간 방송, 중간광고 허용, 방송 심의 특혜 등의 법적 혜택 논쟁이 잇따랐다. 개국 이후에도 방송통신위원회의 황금채널 배정, 채널 연번제, 방송발전기금 유예, 전문 의약품 및 병원광고 허용 등의 각종 혜택에 대한 특혜 시비가 이어졌다.

종편PP 도입에 따른 시각은 두 갈래로 갈렸다. PP산업을 포함한 전체 유료방송시장의 활성화와 시청자 선택권의 다양화 측면에서는 긍정적 효과에 대한 기대였다. 하지만 경쟁자 등장에 의해 기존 PP의 경영 여건 악화를 초래할 수 있다는 우려의 목소리도 나왔다.

그럼에도 정부가 종편을 선정한데는 지상파를 견제하기 위한 정치적인 노림수였다. 사실 과거 역사를 볼 때 새로운 매체의 등장은 정치상황과 밀접한 관계가 있다. 우선 식민 통치를 위해 일제가 라디오 방송을, 군사정권 시절에 흑백과 컬러TV방송이 시작됐다. 케이블TV와 위성방송도 대통령 공약 일환이었다. 이후 등장한 DMB와 IPTV도 정치권력과 강한 연관성을 가지고 있다.

또 하나는 케이블TV 하락세를 막기 위한 궁여지책 중 하나였다는 분석이었다. 95년 이후 내리 상승세에 올라탔던 케이블TV가입자는 2007년을 기점으로 서서히 먹구름이 드리우기 시작했다. 2006년 1,400만 가구를 돌파한 이후 2007년 들어서부터 처음으로 줄어들며 정체를 예고했다. 그 해 3월에 1,421만 5,104가구였다가 12월에는 1,400만 964가구로 감소하면서 전년보다 16만 7,977가구가 미달하는 하강곡선을 그렸다. 이는 국내 유료 방송시장 전체 가입 대상 가구 중 케이블TV 가입자가 이미 80%대에 달할 정도로 포화 상태였기에 빚어진 결과였다.

설상가상으로 2008년 우리 경제는 과거 IMF 외환위기에 맞먹는 글로벌 금융위기를 겪으며 위태로운 상황에 빠졌다. 세계 경제 동반 부진과 국제 원자재 가격 상승 영향으로 소비자 물가가 크게 오르고 경상수지도 적자로 돌아섰다. 공교롭게도 케이블TV 가입 가구 수가 전반적으로 적체되는 시점에 종편이라는 '히든카드'가 등장한 셈이다.

05 시장 정체와 재도전
(2012~현재)

지상파방송과 갈등, 재전송 대가 협상

뉴미디어로 출발한 케이블TV는 태생부터 기존 전통 미디어로부터 노골적인 견제를 받을 수밖에 없었다. 케이블TV 성장세에 가장 발목을 잡았던 게 지상파 방송사였다. 케이블TV와 지상파 방송은 지상파 TV를 케이블TV로 통해 다시 전송해 주는 가격 즉 '재전송 대가'를 놓고 치열한 힘겨루기를 벌였다. 재전송 갈등이 최고조에 달한 시점이 케이블TV가 서서히 꺾이기 시작한 2010년 중반 경이다.

케이블TV와 지상파방송 3사와 갈등이 첫 표면화된 시점은 2008년이다. 주지하다시피 케이블TV는 지상파방송 전파를 각 SO가 안테나로 받아 TV 시청가구에 전달해 주는 '지상파 동시 재송신'을 해왔다. 그 해 지상파방송 3사는 케이블TV쪽에 "재송신으로 인해 지상파방송의 저작권 또는 저작인접권이 침해받고 있어 법적 대응을 하겠다"며 재송신 중단을 요구했다. 당연히 케이블TV쪽은 디지털 신호를 포함한 지상파방송 재송신의 당위성을 내세워 반박했다.

겉으로는 저작권을 둘러싼 분쟁이었지만 따져보면 결국 '돈'문제였다. 지상파 재송신 유료화를 추진한 지상파 방송 3사는 같은 해 IPTV 사업자와 과금 협상을 진행해 가입자 당 280원에 타결했다. 하지만 케이블TV와는 쉽게 타협점을 찾지 못했다. 2009년 6월 협상이 결렬되자 지상파방송 3사는 9월 HCN서초방송을 '저작권법' 위반 혐의로 형사 고소했고, CJ헬로비전 양천방송에게는 '디지털 케이블TV 신규 가입자에 대한 지상파 재송신 금지요구 가처분 소송'을 제기했다.

2010년 서울중앙지방법원은 본안 소송 1심 판결에서 지상파방송 3사의 일부 승소 판결을 내렸다. 법원은 케이블TV 사업자의 난시청지역 보완 기능은 인정한 반면, '실시간 재송신은 케이블TV가 주체가 되는 독자적 방송 행위이어서 지상파방송의 동시 중계방송권을 침해한다'고 판시했다. 지상파방송사의 저작권 침해 주장은 각하되었다. 1심 판결이 나오자 케이블업계는 즉각 반발하고 실력 행사에 돌입했다. 그동안 난시청지역 해소를 위한 노력에도 도리어 재전송 비용을 내라는 데 대한 반발이었다. 이 사태는 한 달여 지속되다가 방송통신위원회가 '제도개선전담반'을 구성·운영하기로 하면서 일단 매듭을 지었다.

이듬해에도 협상은 뚜렷한 돌파구를 찾지 못했다. 케이블TV와 지상파방송 3사는 서로 간의 제시 요금 차이를 좁히지 못했고, 협상 중에 발생한 간접 강제 이행금 문제까지 불거졌다. 결국 2011년 11월 케이블TV는 의무 전송채널인 KBS 1TV와 EBS를 제외한 KBS 2TV, MBC, SBS의 HDHigh Definition급 방송 송출을 중단했다. 계속 입장 차이를 좁히지 못하면서 케이블업계는 SBS 채널 번호 변경 신청을, 지상파 방송사는 간접 강제금 집행 카드로 맞섰다. CJ헬로비전이 부담해야 할 간접 강제금이 하루에 무려 1억 5,000만원씩 쌓이면서 결국 SO들은 KBS2 채널의 재송신을 전면 중단하는 등 파행을 거듭했다.

서울중앙지법은 다시 2013년 2월 지상파방송 3사에 대해 일부 승소 판결을 내렸지만 여전히 케이블TV업계는 받아들일 수 없다는 강경한 입장이었다. 지상파방송 3사는 2009년에 합의된 280원의 가입자당 재전송료CPS: Cost Per Subscriber에 그간의 제작비와 물가 인상분을 반영해야 한다는 논리였다. KBS와 MBC는 월 350원을, SBS는 월 400원을 인상 요금으로 요구했다. 당시 국내 유료방송 플랫폼 사업자가 국내 지상파방송사 3사 지급하는 CPS 대가는 한 달에 840원, 연간 1만 80원에 달했다. 케이블 업계는 이는 국내 케이블TV 가입자 1인 당 평균 매출액 대비 약 9.2% 수준인데 미국의 경우에는 이 비율이 0.4~0.8%에 불과하다며 CPS가 과다하다고 반박했다.

결국 2013년 4월 재송신 협상 시한에 따른 간접강제이행금 시행을 이틀 앞두고 티브로드가 지상파방송 3사와 협상을 타결을 시작으로 주요 MSO 간의 재전송 대가 지급 관련 협상이 타결되면서 분쟁은 일단 종결되었다. 하지만 재전송권 대가에 따른 관련 분쟁은 언제든지 발생할 가능성은 여전히 남았다. 2014년 브라질 월드컵 재송신과 관련하여 지상파방송사들은 SO들에게 추가비용 지불을 요청하여 갈등이 확산되었다.

'스마트 케이블TV'와 세계 첫 UHD방송

케이블TV업계는 성장속도가 주춤하자 다양한 서비스 발굴로 정면 돌파를 선언했다. 대표적인 서비스가 '가상 이동통신망 사업자'로 불리는 MVNOMobile Virtual Network Operator다. 이는 SK텔레콤이나 KT와 같은 기간통신 설비를 빌려 싸게 이동전화 서비스를 제공하는 사업자를 말한다. 정부는 MVNO라는 용어가 너무 어렵다는 지적에 따라 2012년 '알뜰폰'이라고 새롭게 이름을 짓고 사업 활성화에 나섰다. 인터넷 전화VoIP사업을 위해 공동 출자한 한국케이블텔레콤 KCT을 통해 사업에 첫 발을 내디뎠다. 이어 CJ헬로비전이 독자적으로 KT와 MVNO사업 협정을 맺으면서 유·무선 통신사업 진출을 본격화했다.

MVNO 가입자는 2011년 1호 사업자가 나온 지 3년 만인 2014년 400만 명을 넘어섰고 2017년 초반에 600만을 돌파했다. 국내 전체 휴대폰 가입자 수 5,600만 명의 대략 10% 수준에 달했다. 사업초기 중소기업 위주였지만 KCT와 CJ헬로비전을 시작으로 SK텔링크, LG유플러스 계열 미디어로그, KT 계열 KTIS가 새롭게 진입하는 등 대기업까지 가세해 말 그대로 춘추전국시대를 맞았다.

n-스크린 전략도 새로운 성장 동력이었다. 이는 하나의 콘텐츠를 TV, 스마트폰, PC, 태블릿PC, 스마트패드 등 다양한 디지털 정보기기에서 공유할 수 있는 컴퓨팅·네트워크 서비스다. 'n'은 '미지수'를 뜻한다. 여러 개 디지털 단말을 접속해 언제 어디서나 하나의 콘텐츠를 이어서 볼 수 있었다. 기존 서비스를 보완할 신규 플랫폼사업으로 모습을 드러냈다. n-스크린 서비스를 속속 도입한 것은 새로운 플랫

폼을 통한 수익 확보가 목적이었다. 점차 방송 시청 형태가 스마트 기기로 변해 모바일시장 가입자 확대는 사업 경쟁력 강화의 핵심 가치로 떠올랐기 때문이다.

CJ헬로비전은 2010년 6월 인터넷으로도 어디에서나 PC를 통해 53개 실시간 방송채널과 VOD를 이용할 수 있는 '티빙Tving' 서비스를 내놓았다. 현대HCN도 에브리온TV를 2012년 5월 판도라TV와 합작 법인으로 출범시켰다. 제공 채널은 케이블TV 66개, IPTV 20개, 오픈채널 61개로 총 147개에 달했다.

클라우드 게임 서비스까지 나왔다. CJ헬로비전의 '헬로TV'는 디지털 케이블TV를 통한 클라우드 게임서비스를 시작했다. 양방향 서비스인 클라우드 게임을 결합해 디지털 케이블TV 네트워크를 확장하고, 다양한 융합 콘텐츠를 제공하는 '스마트 케이블' 서비스로 진입을 알리는 계기였다. 기존 케이블TV에서 게임은 데이터방송 형태로 제공해 단순했다면 클라우드 게임은 재미는 물론 기능과 그래픽 등에서 가장 완성도가 높은 프리미엄급이었다. 별도 기기나 게임 CD 구입 없이도 디지털 케이블TV를 통해 게임 전용 박스를 통해서만 제공되던 콘솔 게임을 즐길 수 있게 되었다. '보는 TV'에서 '즐기는 TV 시대'를 열었다는 평가였다.

모바일을 겨냥한 '스마트 케이블TV' 서비스도 연이어 상용화했다. 씨앤앰이 내놓았던 첫 스마트 서비스는 앱스토어, 유튜브 동영상, 실시간 채널, 음성 검색이 가능했지만 콘텐츠 부족으로 기대만큼의 호응은 얻지 못했다. CMB, 현대HCN, CJ헬로비전 등도 업그레이드된 스마트 서비스를 출시했다. 업계 공동으로 앱 스토어도 구축했다. 공동 앱 스토어 개발과 서비스는 홈초이스가 맡았다. 앱 스토어 서비스는 2014년 7월 씨앤앰이 먼저 시작했다. '마이앱, 추천 인기앱, 게임, 키즈, 생활 정보 등 총 42개 앱으로 구성됐다. 씨앤앰에 이어 CJ헬로비전, 티브로드, 현대HCN 등도 공동 앱 스토어 서비스를 갖췄다.

모바일을 겨냥한 서비스와 함께 케이블TV업계가 공들인 사업이 UHD(4K 울트라HD) 상용서비스였다. UHD방송은 기존 풀Full HD 방송보다 4배 이상의 선명한 화질을 가진 차세대 기술력의 결정체이다. 4K 해상도는 풀 HD의 4배 이상 많은 화소를 박아야 가능하다. 그만큼 많은 데이터가 필요하다. 대략 초당 50M~60Mb를 전송해야 하는 만큼 안정적인 전송 인프라가 중요했다. 망도 중요하지만 무엇보다 영상 압축 기술을 확보해야 한다.

이 때문에 UHD는 지상파TV를 포함해 방송업계의 빅 이슈였다. 지상파TV에 앞서 UHD서비스에 성공한 것은 케이블TV였다. 지상파방송과 IPTV보다 먼저 UHD 상용 서비스에 나선 것은 새로운 방송시장을 선점하겠다는 배경이 깔려 있었다. UHD방송 시대 개막은 차세대 미디어 성장 동력을 남들보다 한 발 앞서 확보할 수 있다는 의미로 일대 사건이었다. 미국, 일본 등 선진국을 모두 제치고 세계 UHD시장을 선점할 수 있는 유리한 고지에 오른 이정표였던 것이다.

케이블 기반으로 UHD 시범방송이 2013년 목동 방송회관에서 '스위치 온' 했다. HD보다 4배 이상 선명한 영상과 고음질의 UHD방송 상용 서비스를 세계에서 처음으로 시작했다. 삼성전자, LG전자 등과 함께 'UHD TV사업 활성화를 위한 협약식'을 통해 든든한 지원군까지 확보했다. 가전업계가 손잡고 나선 만큼 UHD방송과 스마트서비스 활성화를 크게 앞당길 수 있는 토대를 다졌다.

케이블TV업계는 홈초이스를 통해 UHD 전용 '유맥스UMAX' 채널을 설립해 상용 서비스를 준비해 왔다. 방송 규격도 '60프레임 10비트'의 최고 수준을 목표로 했다. 정부도 '유선방송국 설비 등에 관한 기술기준'을 개정해 조기 상용화가 가능하도록 제도적 발판을 마련해주었다. 앞서 씨앤앰과 LG전자는 공동 개발한 소프트웨어 셋톱박스 방식의 UHD TV를 미국 라스베이거스에서 열린 CES 2014'에 전시했다. 별도 셋톱박스 없이 UHD방송을 시청할 수 있는 세계 첫 상용 제품이었다.

2014년 4월 케이블 UHD방송이 처음으로 전파를 탔다. 10월 티브로드를 시작으로 12월 CJ헬로비전이 UHD 4K 셋톱박스를 출시했다. 서울대 언론정보연구소 보고에 의하면, UHD시장 경제적 가치가 생산 유발 직접 효과와 간접 효과를 합치면 총 8조 원에 달하는 것으로 나타났다. 총 3조 원에 달하는 부가가치 효과도 기대했다. 고용 효과 3만 6,000명까지 예측했다.

케이블업계는 UHD방송에서 한 발 더 나아가 두 개 채널을 동시에 서비스하는 신기술 시연에 성공했다. CJ헬로비전과 한국전자통신연구원ETRI이 이를 가능하게 한 차세대 케이블 전송 기술을 상용화에 이전에 비해 2배 많은 정보를 담을 수 있게 되었다. 이는 여러 채널을 하나로 묶어 사용하는 '채널 본딩Bonding' 기술과 결합해 UHD 채널을 대폭 늘려 '다채널 UHD 시대' 실현도 가능해졌다.

구조조정의 전조, 인수합병의 소용돌이

95년 개국한 케이블TV는 지금까지 크고 작은 인수합병에 휘말렸다. 96년 39쇼핑이 드라마 채널인 제일방송을 200억 원에 인수한 사례를 신호탄으로 2016년 SK텔레콤의 CJ헬로비전 인수까지 다양한 인수합병 시도가 있었다. PP역시 지난 20여 년 동안 '헤쳐 모여'와 '투자자 찾기'로 분주했다. 인수합병은 90년대 후반으로 거슬러 올라간다. 10개 이상의 SO를 거느린 대형SO가 처음으로 등장한게 99년이고 이듬해 '통합방송법' 개정으로 하나의 사업자가 15개 SO를 소유할 수 있게 되면서부터 인수합병은 활기를 띠었다.

대형SO도 시장 재편에 가속도가 붙었다. 케이블TV 시대 초기인 97년 안양방송을 설립하고 케이블방송에 뛰어든 태광산업이 가장 두드러졌다. 2000년 5월에 천안방송과 중부방송을, 7월에는 수원방송을 인수했다. 2001년 7월에는 경기연합방송을 설립했다. 2003년 10월에는 한빛아이앤비를 전격 인수했다. 한빛방송으로 출발한 한빛아이앤비는 8개 SO를 운영했던 코스닥상장 기업이었다. 태광산업은 2006년 '티브로드'라는 이름으로 새롭게 출발했다.

대형SO 중에 하나인 큐릭스까지 삼켰다. 큐릭스 전신은 서울 도봉구 지역을 가진 미래케이블TV로 도봉강북유선방송을 인수하고 코스닥에 등록했다. 2003년에 업계 첫 DMC를 구축했으며 2004년 민스대구방송, 2007년 대구 서구 기반 DBS대경방송을 차례로 인수했다. 큐릭스는 2009년 티브로드에 지분을 넘겼다. 태광그룹은 티브로드홀딩스와 함께 큐릭스홀딩스를 자회사로 두면서 시장 1위 사업자로 떠올랐다. 다시 2011년 동서디지털방송, 2013년 대구케이블과 TCN대구를 인수하면서 총 23개를 거느린 초대형 SO로 올라섰다.

인수합병은 시장 정체와 맞물려 더욱 가속화하는 추세다. 수익률이 떨어지고 가입자 정체 현상이 뚜렷했던 2013년 전후로 더욱 활기를 띠고 있다. 가장 공격적으로 인수합병에 나선 기업은 점유율 1·2위인 CJ헬로비전과 티브로드였다. 2013년 CJ헬로비전은 나라방송, 횡성유선방송, 영서방송, 호남방송을 연이어 인수했다.

때맞춰 2014년 1월 방송사업자 소유 겸영 규제 개선 일환으로 '방송법 시행령' 개정안이 국무회의에서 통과됐다. SO 가입자 점유율을 기존 '케이블TV 가입자의 1/3'에서 '전체 유료방송 가입자의 1/3' 수준으로 완화하고 '케이블TV 방송구역 겸영 제한'을 폐지하는 게 골자였다. SO는 특수 관계자를 포함한 특정 사업자가 전체 77개 방송구역의 1/3 초과 금지와 전체 케이블TV 방송 가입 가구 수의 1/3 초과 금지라는 이중 규제에 묶여 있었다. 방송법 시행령 개정으로 SO업계는 규모의 경제가 가능해 새로운 성장 기반을 마련하게 된 셈이다.

당시 가입자 점유율 제한 때문에 1위 업체도 가입자 상한선인 495만 가구를 넘지 못했다. 시행령 개정 이후에는 2배 가까운 843만 가구까지 확대가 가능해졌다. '최대 25개' 방송구역 규제 한도에 도달해 있었던 1, 2위 업체는 자유의 몸이 되었다. 당장 티브로드는 23개 SO를 CJ헬로비전은 22개 SO를 가지고 있었다. 2013년 기준으로 CJ헬로비전, 티브로드, 씨앤앰, CMB, 현대HCN 등 5대 대형SO는 92개 SO 중 81개를 소유했으며, 전체 케이블TV 가입자 1,484만 6,259가구 중 1,275만 145가구를 확보했다. 나머지 11개 개별 SO가입자는 209만 6,114가구에 그쳤다.

개정안 첫 해에 CJ헬로비전이 강원방송을 인수해 티브로드를 제치고 1위로 올라섰다. 강원방송을 최종 인수해 23개 권역, 419만 가입자 수를 확보했다. 이로써 개별 SO는 아름방송, 서경방송, 금강방송, 울산방송, KCTV제주방송, CCS충북방송 등 10개로 줄었다. 케이블TV 사업자가 점차 대형화하면서 새로운 형태의 미디어 서비스 등장을 예고했다.

인수합병은 PP업계도 예외일 수 없다. 콘텐츠 시장은 2005년부터 2009년까지 줄곧 CJ미디어와 온미디어 대기업 계열 대형 PP와 KBS, MBC, SBS의 지상파방송 3사 계열 PP가 시장을 나눠 가지는 구조였다. 2010년 이후로는 온미디어를 합병한 CJ와 지상파방송 3사 계열 대형PP가 지배적 사업자로서 경쟁체제를 갖췄다. 2010년 MPP 시장점유율은 CJ가 4,762억 원의 방송사업 수익으로 전체 PP시장의 26.5%였고, 지상파방송사인 SBS와 MBC 계열이 각각 16.5%, 10.1%를 기록했다. 여기에 KBS 계열을 더하면 4대 MPP의 방송 사업 수익기준 시장점유율은 60.6%에 이르렀다. 거대 PP와 중소PP간 시장 양극화는 더욱 굳어졌다.

시장 정체 돌파구를 인수합병에서 찾는 상황에서 SK텔레콤의 CJ헬로비전 인수 불허는 전혀 예상하지 못한 결과였다. 2015년 11월 SK텔레콤의 인수 계획 발표 이후 정부 심사에만 7개월 이상 걸렸던 '역대급 빅딜'이 무산되었다. 공정거래위원회는 당시 SK텔레콤이 권역별 유료방송(케이블·위성·인터넷TV) 시장에서 시장 지배적 지위가 강화될 수 있어 인수합병 불허 결정을 내렸다고 설명했다.

후폭풍은 상당했다. 케이블TV업계는 IPTV로 유료방송 중심이 옮

겨가면서 가입자와 매출 감소로 허우적대는 상황이었다. 2016년 매출은 수신료가 줄어들면서 2조 2,590억 원으로 전년 대비 3.7% 감소했다. 영업적자(4,056억 원)도 10.6% 증가했다. 점유율도 1.2%포인트 (15.9%→14.7%) 감소했다. 가입자 감소-매출 감소-영업이익 악화-투자 위축 등 악순환이 이어졌다. 이 때문에 존폐 위기에 몰린 업체는 업계 1위인 CJ헬로비전 매각이 구조조정의 신호탄이 되기를 기대했다. 이미 M&A 시장에 매물로 나와 있는 업계 3위 딜라이브는 물론, 5위인 현대HCN도 잠재 매물로 거론되면서 매각에 급물살을 탈 것으로 관측됐다. 하지만 확실한 해결 방법의 하나인 인수합병 등을 통한 자율적인 구조조정에 예상치 못한 '브레이크'가 걸리면서 파장은 일파만파 확대됐다. 불허 결정이란 암초를 만나면서 선제적 구조조정에 대한 희망이 사라질 가능성이 커졌다.

– Tip –

방송정책 변천사

방송정책은 주파수라는 공공자원을 산업에 어떻게 분배하는 지를 결정하는 일련의 과정이다. 정책은 성문화된 규칙인 법으로 발현된다는 점에서 방송법은 방송 산업을 규율하는 근거이자 방송 정책의 뼈대인 셈이다. 더욱이 방송은 정치권력과 밀접한 관계를 맺어 진흥보다는 규제가 우선일 수밖에 없어 인허가 정책이 골자라고 말할 수 있다.

국내 방송법 역사를 보면 지상파 라디오방송을 시작으로 지상파 TV방송, 중계유선방송, 케이블TV, 위성방송, DMB와 같은 사업자에게 허가권을 주고 재허가하는 과정을 거쳐 오늘에 이르렀다. 63년 방송법, 73년 방송법, 80년 언론기본법, 90년 방송법와 종합유선방송법, 2000년 방송법으로 이어지는 변천사를 가지고 있다. 27년 경성방송이 존재했지만 이때는 전파법으로 문화매체로서 방송 개념은 포함하지 않았다. 따라서 방송의 법적 근거가 마련된 것은 63년 방송법이며 90년 방송법은 80년부터 유지해 온 공영 단일 체제를 공, 민영 이원체제로 개편하기 위한 것이었다.

처음 방송법을 만든 것은 5.16군사정권이었다. 유신정권으로 바뀌면서 개정되었다가 80년 신군부에 의해 언론기본법으로 통폐합됐다. 87년 민주화에 따른 사회적 요구에 따라 방송법이 분리 제정되었고 90년 사업방송을 허용하기 위해 한차례 홍역을 치뤘다. 이어 2000년 방송관련법을 한 데 묶어 '통합방송법'을 제정한 후 오늘날의 모습을 갖췄다.

방송정책은 주로 국가 기구에서 담당했다 식민지 시대에는 총독부가 관할했고 이후에는 공보부나 공보처, 문화관광부 등에서 정책 전반을 관장했다. 식민지 시대나 미군정 시기는 논외로 하더라도 정부 수립 이후 한동안 방송정책이나 행정 개념 자체가 없었다. 공보처 산하 방송부서나 방송관리국에서 방송사업자 허가와 내용 규제 등을 직접 관리했다. 61년 전파관리법이 제정되면서 방송국 허가권은 체신부 소관이 되었다. 63년 방송법에서는 방송사업자를 허가할 때 공보처 장관이 허가 추천을 하도록 규정해 체신부와 공보처로 이원화했다.

방송에 대한 국가 통제는 5공화국까지 이어지다가 88년 방송법이 제정되면서 과거 방송윤리위원회나 구 방송위원회 보다 권한이 강화된 '방송위원회'가 등장했다. 방송위원회는 기능 강화와 축소를 정권 입맛에 맞게 조정하다가 2000년 통합법이 제정되면서 총괄 기구로 재출범했다. 방송위원회가 격상해 지금 방송정책의 틀을 잡았다. 당시 방송위는 법 제정과 맞물려 지상파방송에서 케이블TV, 중계유선방송에 이어 위성방송까지 총괄하며, 이전 심의 기능에 더해 방송 운영·편성, 방송영상 진흥, 방송 기술 등 주요 방송 정책 수립과 방송사업자의 인허가 업무를 관장하는 통합 기구로 위상이 높아졌다.

2008년 출범한 이명박 정부는 정보통신부와 방송위원회를 통합한 방송·통신 정책 총괄 기구구성을 추진했다. '방송통신위원회 설립 및 운영에 관한 법'이 2008년 2월 국회 본회의를 통과하면서 방송위원회는 27년간 활동을 마치고 정보통신부와 통합하여 대통령 직속의 합의제 행정 기관인 방송통신위원회로 거듭났다. 방통위는 위원장 1인과 부위원장 1인을 포함한 5명의 상임위원으로 구성되었다. 1회에 한해 연임이 가능한 임기 3년 위원 선임은 대통령이 위원장 외 1인 의원을 지명하고, 나머지 3명의 위원은 국회에서 대통령이 소속했거나 소속된 정당의 교섭단체 1명, 그 외 교섭단체가 2명을 추천하도록 했다.

마 치 며

90년대 이후 방송 환경은 급격하게 변했다. 1920년대 라디오방송이 출현한 이후 첫 번째 혁명이 1930년대 후반의 TV 출현이었다. 두 번째 혁명은 90년대 이후 디지털방송의 실용화. 한 마디로 전파미디어에서 영상 미디어로, 영상에서 디지털 미디어로 바뀌었다. 이어 디지털 시대를 넘어 융합 미디어 시대로 접어들었다. 지금은 4차 산업혁명이라는 새로운 물결이 몰려오고 있다. 4차 산업혁명과 맞물려 융합 미디어에서 스마트 미디어로 또 한 번 패러다임 변화를 예고하고 있다.

초연결 사회의 컴퓨터를 통한 자동화 시대를 3차 산업혁명 시대라 부른 것이 얼마 전인데, 이미 우리사회는 4차 산업 시대에 들어섰다. 4차 산업의 키워드는 초연결 지능사회, 소프트파워를 이용한 공장과 제품의 지능화, 온라인과 오프라인의 융합 등 다양하다. 이들 키워드는 모두 연결과 지능, 융합이라는 공통점을 가진다. 머지않은 미래에 모든 사물이 연결되고 지능을 갖게 되는, 가상과 현실의 융합 세계가 열린다는 것을 의미한다.

최근 인터넷 플랫폼 사업자마다, 스마트홈 IoTInternet of Things 서비스를 제공하거나 준비 중에 있다. 집안의 모든 사물에 센서와 통신 기능을 내장하여 서로 연결하고 제어할 수 있는 스마트홈 IoT 서비스는 생활의 중심인 집안에서의 4차 산업혁명인 것이다. 밖에서 스마트 폰으로 가스와 전기를 끄고 켤 수 있는 것은 기본이고, 도어센서, 움직임 센서, 스마트 플러그, 온도 조절기, 도어락, 펫피더 등의 서비스가 이미 국내 일부 통신사에 의해 제공되고 있다.

통계 자료를 보면 시장 전망치도 IoT 분야가 세계적으로 연평균 28.8% 이상, 국내에서도 38.5% 이상 성장할 것으로 전망되고 있으며, 통신 3사가 스마트 홈 IoT 서비스를 시작한지 1년 만에 국내 가입자 수가 60만 가구를 넘는 등 4차 산업혁명의 힘은 예상보다 거세다. 최근에는 LTE-M/NB-IoT, 로라LoRa와 같은 저전력 IoT 망을 도입하면서 원격 검침, 위치 추적과 같은 신규 서비스를 지속적으로 개발하고 있다.

그러나 플랫폼 사업자인 케이블TV 사업자는 스마트 홈 IoT 서비스 도입이 상대적으로 뒤쳐진 상황이며, 지역을 기반으로 하는 케이블 사업 특성상 전국을 대상으로 하는 서비스 제공도 쉽지 않다. 최근 케이블 비상대책위원회에서는 급변하는 시장상황에 경쟁적으로 대응하고 통신사업자가 제공하는 스마트홈 게이트웨이, 에너지 미터, IoT 플러그, 온도조절기, 도어센서, 가스락, 도어락 등을 케이블 공동의 홈 IoT 상품으로 조기에 출시하기 위하여 스마트 홈 IoT 추진반을 구성했다.

추진반은 5개 MSO와 CCS 충북방송, 한국 케이블TV 방송협회가 참여하고 있으며, 주요 추진 목표는 케이블 방송 및 인터넷 플랫폼에서 스마트홈 서비스를 위한 기술 확보, 관련 서비스 조기 상품화, 다양한 관련 기술 개발 등을 통한 케이블 경쟁력 강화에 있다. 앞으로 원 케이블 전략의 하나로 스마트홈 IoT 공동사업 추진을 위해, 브랜드 통합, 케이블 스마트홈 생태계 구축을 위한 인증센터 설립 등의 사업도 구상하고 있다.

78개 권역으로 나뉘어져 있는 케이블이 통신사업자와의 경쟁에서 살아남기 위한 방법은 비교적 쉬운 것부터 원 케이블 전략을 통해 규모의 경제를 실현하는 것이다. 정부에서도 급변하는 방송환경의 변화를 인지하여, 규제 불확실성을 최소화하고 시장 자율성을 확대하기 위한 정책 일환으로 2016년 말에 유료방송발전 방안을 발표했다.

유료방송 발전방안에는 시설변경허가, 준공검사 폐지, 케이블TV 법인단위허가 부여 등 규제일원화 추진을 비롯해 요금신고제 도입, 케이블TV 아날로그 종료 시 시청자 보호 위한 승인 근거도 마련했다. 그동안 타 산업에 비하여 필요 이상으로 과도하게 부과되었던 규제를 지속적으로 개선해 시장창출, 산업성장 등의 성과를 거둘 수 있는 기반을 조성해나가려는 것이 미래부의 입장이다.

변화의 흐름 속에 결국 빠른 시장변화와 기술혁신에 능동적으로 대처하지 못한다면 유료방송 업계는 경쟁력 우위로 재편될 가능성이 매우 크다. 360도 가상현실VR: virtual reality 방송과 증강현실AR: augmented reality 방송도 최근 뜨고 있는 스마트 미디어의 하나이다. 특히 융합의 4차 산업 시대에 꼭 필요한 미디어 형태이다. 방송 시청을 위한 수단이 기존의 고정형 TV에서 스마트 폰 등의 다양한 스마트 단말로 확대되는 경향이 뚜렷한 상황에서 VR 방송과 AR 방송은 새로운 트렌드로 부각되고 있다.

360 라이브 VR은 360도 전 방위 화면을 제공하는 생방송 플랫폼이다. 360도 화면을 동시에 제공하기 위해서는 다수의 카메라 화면이 송출돼야 하기 때문에 필요한 전송 용량도 크다. 기존의 방송 플랫폼에서는 전송하기가 어려운 이유이다. 360 라이브 VR 시청자는 마치 현장에 있는 듯한 느낌을 받을 수 있다. 방송 화면의 선택권도 방송사에서 시청자로 이동하게 된다. 예를 들어 야구 경기를 시청할 때 1루수 측 화면이 방송에 보일 수 있지만 시청자가 원하는 3루수 측 화면으로 바로 바꿀 수 있다. 드라마의 경우도 360도 주변 환경 선택이 가능함으로 시청자 취향에 맞는 화면을 선택 할 수 있다. 예를 들면, 살인을 하는 장면에서 그 장면을 볼 수도 있지만 주변에 목격자 있는지 없는지 화면을 360도 내에서 돌려가면서 시청할 수도 있다. 이러한 이유로 360도 VR로 제작된 드라마나 영화는 기획 단계나 스토리텔링 단계부터 기존의 방송 드라마나나 영화와는 다른 접근법이 필요하다.

증강현실 기술은 실제 공간(현실세계)에 가상의 정보를 합성해 사물이나 영상 정보를 증강시키는 기술로서 '현실 세계 위에 가상 정보를 입혀 보여주는 기술'이다. 스포츠 중계를 보면 방송 해설용으로 화면에 여러 가지 그래픽 기술을 입혀서 보여주는 경우가 많은 데 이런 것이 증강현실 방송으로 보면 적당할 것이다. 또한 드라마를 시청하는 도중에 주연배우가 착용한 구두를 시청자가 클릭하면 구두에 대한 상세 정보가 화면에 오버레이되서 보여줄 수도 있다.

VR, AR 등의 스마트 미디어 방송은 기존의 고정형 TV나 방송 플랫폼에서는 서비스가 제한되거나 불가능하다. 시청자의 양방향 선택이 가능한 방송에 가장 적합한 방송 플랫폼이 바로 케이블인 것이다. 유선, 유선 중에서도 케이블이 갖는 기술적 장점을 활용하여 얼마든지 새로운 서비스 발굴이 가능하다.

4차 산업혁명은 이미 시작되었고 기술의 진화는 중단될 기미가 전혀 없다. 방통융합이 가져온 미디어 환경의 다양성은 방송의 유형도 OTT, MCN 등으로 다양하게 진화시키고 있다. 과거의 고정된 틀에서 벗어나지 못한다면 케이블의 미래는 더 이상 보장받을 수 없다. 혁신과 변화를 겸허히 받아들이고 생존을 위한 과감한 R&D 투자를 실천하고, 변화의 흐름 속에 하루라도 빨리 몸을 실어야 한다. 특히 요즘 케이블 생존을 위한 연구와 대책들이 넘쳐나고 있다. 그 내용들도 하나같이 논리적이고 설득력이 있다. 몰라서 안하는 것이 결코 아니다. 문제는 실천이다. 과거 20년의 케이블이 미래 50년의 케이블 역사를 만들어 가기 위해서는 케이블도 4차 산업혁명에 동참해야 한다.

감수의 글

처음 책의 감수를 부탁받았을 때 조금은 마음의 부담을 느끼지 않을 수 없었다. 시기적으로 케이블 전성기가 지났다고 생각하는 분위기 속에 관련 책의 출판이 어떤 반응을 가져 올지 걱정이 되었기 때문이다.

하지만 전문기자 21년차 베테랑의 시각은 이런 우려를 씻어내기에 충분했다. 우리나라 방송의 지나온 발자취를 일목요연하게 잘 정리하였으며 역시 전문기자답게 시기별 크고 작은 일들을 흥미로운 기사형태로 잘 소개하고 있다. 지상파 방송에서부터 OTT, 모바일TV, MCN 등 최근의 다양한 방송 서비스까지 방송의 흐름을 잘 정리하고 있다.

IPTV라는 유료방송의 거대 공룡과 한바탕 전쟁을 통해 케이블이 제2의 전성기로 도약하기 바라는 마음도 읽을 수 있었다.

아마도 이 책은 방송을 모르는 일반인부터 방송분야 전문가들도 한 번은 읽어볼 내용이 있는 그런 책인 것 같다. 내용이 너무 전문적이지도 않으면서 유료방송의 시대적 흐름을 빼놓은 것 없이 잘 정리하고 있기 때문이다. 특히 제 4부 '방송의 역사, 그리고 야사' 부분은 방송분야에 막 발을 들여 놓은 분에게는 자신이 서 있는 현재 방송의 위치가 어디인지 파악하는데 큰 도움이 될 것으로 의심치 않는 바이다. 가끔 막걸리 잔을 주고받으며 나눴던 대화들이 한 권의 책으로 다 정리 되었다는 느낌이다. 저자의 바람처럼 케이블이 제2의 도약을 할 수 있길 바라면서 이 책의 나름대로의 역할을 부여하고 싶다

유지상

참 고 문 헌

당신의 미래는 방송에 있다(강용식, 중앙일보사 1994)

모바일TV(서신혜, 김광우, 윤태형, 한인경, 김윤수, 커뮤니케이션북스 2015)

방송산업구조(정인숙, 커뮤니케이션북스 2015)

유료방송 발전방안 (정보통신 전략위원회 2016)

유료방송정책(이상식, 커뮤니케이션스북스 2015)

유료방송, 50년살다 (이인석, 한미디어북 2015)

케이블TV 미래 비전 (코리아퓨처 케이블포럼 2015)

케이블TV 10년사(케이블TV 방송협회 2005)

케이블TV 20년사(케이블TV 방송협회 2015)

한국방송정책론(최영묵, 논형 2010)

한국케이블TV 산업정책론(이상식, 나남 2008)

2015 방송산업 실태조사 보고서(미래창조과학부 2015)

2016 방송산업 실태조사 보고서(미래창조과학부 2016)

케이블 전쟁

초판 인쇄 2017년 5월 24일
초판 발행 2017년 5월 31일

지은이 강병준 전지연
감수 유지상
펴낸이 김승욱
편집 김승관 한지완
디자인 김현우 이보람
마케팅 이연실 이숙재 정현민
홍보 김희숙 김상만 이천희
제작 강신은 김동욱 임현식

펴낸곳 이콘출판(주)
출판등록 2003년 3월 12일 제406-2003-059호
주소 10881 경기도 파주시 회동길 210
전자우편 book@econbook.com
전화 031-955-7979
팩스 031-955-8855

ISBN 978-89-97453-87-0 03070

이 도서의 국립중앙도서관 출판예정도서목록(CIP)은 서지정보유통지원시스템 홈페이지(http://seoji.nl.go.kr)와 국가자료공동목록시스템(http://www.nl.go.kr/kolisnet)에서 이용하실 수 있습니다. (CIP제어번호: CIP2017012710)